跟著月亮走

韓國瑜的夜襲精神與奮進人生

口述｜韓國瑜　　採訪撰述｜黃光芹

目錄

第二章　與佳芬相遇

第三章　夜襲，跟著月亮走

好好大幹一場

趙少康
（中國廣播公司董事長）

韓國瑜從立委、臺北農產運銷公司總經理，到平地一聲雷，當選綠油油的高雄市長，可以說是政治奇蹟，也可以說是有志者事竟成，更可以說是一個感人的勵志故事，拍成電影都會很好看。

韓國瑜這次的選舉，證明了很多事：一、沒有什麼選區一定是誰的。二、外省人也可以到高雄選贏。三、主張「九二共識」，也可以被高雄選民接受。四、沒有黨產，也不會選輸。五、抹黑、抹紅，也不一定有用。

當韓國瑜在當北農總經理的時候，他絕對想不到，台北「賣菜郎」的經驗，竟然對他選高雄市長有大用。人生就是這麼美妙有趣，就看你自己準備好了沒有？

人們常說，休息是為了走更遠的路。韓國瑜雖然沒有眞正休息，但遠離喧囂的政治，沉潛了十六年，也的確看到了他的改變。上天先拿走你既有的，再給你一個更大的。

我曾在一九九二年和韓國瑜一起在台北縣選立委，陳鳳馨寄了一則當時葉樹姍的電視新聞報導給我，內容是我去拜訪韓國瑜，希望主張改革的兩人都能夠當選。最後，還好兩人都當選了。時間一晃就是二十多年，畫面上他還有滿多頭髮的。

既然上天給了他機會，當然要翻天覆地，好好地大幹一場。他這個高雄市長，說好幹、也不好幹，說不好幹、也很好幹。不好幹，是因為大家都拿著放大鏡在檢驗他，對他期待太高；說好幹，是因為以前幹得太爛了，所以很容易就比較得出差異，未來跟以前有什麼不同？

既然這是一個勵志的故事，我們就繼續看下去，看看韓國瑜怎麼寫下去？

時勢造韓國瑜？韓國瑜造時勢？

張五岳（淡江大學兩岸關係研究中心主任）

二〇一八年，台灣民眾票選出來的代表字，是「翻」。

二〇一八年，帥氣逼人的阿湯哥主演電影《不可能的任務六——全面瓦解》上映，在台灣與全球都創下了亮麗的票房。

相較於電影中，不可能任務的戲劇性情節，在台灣真實社會中上演——二〇一八年，一個禿子，靠著一碗魯肉飯和一瓶礦泉水，參選高雄市長，引發韓流海嘯，席捲全台，戲劇性贏得高雄市長，讓執政黨近乎「全面瓦解」。這種比電影情節更具戲劇張力的政治實況，更是吸引兩岸四地與國際社會的關注。大家都在關注，二〇一八年在台灣政壇掀起的「韓國瑜現象」，究竟是時勢造英雄，還是英雄造時勢？

一九八一年，我剛認識眷村子弟韓國瑜，是在東吳大學外雙溪畔的「人民公社」。所謂人民公社，指的是學校附近比較簡陋、便宜的學生外宿。那年，我讀政治系大三，他讀英文系大一。一個來自南投鄉下的本省青年，與來自台北縣壽德新村的眷村第二代，跨越科系與生活背景，因爲具有相同的年少狂狷，而成爲好友迄今。

職業軍人退伍後，他在大學與研究所讀書時，大多把時間花在半工半讀，經常值夜班，以賺取較多的生活費；也養成晚睡晚起的習慣。

他對朋友極爲熱情，常常慷慨解囊，如武俠小說中的俠客一般，行俠仗義，自然成爲我們這群窮學生，煮酒論劍、吃喝玩樂的「大哥」。我只能以早上叫他起床上課，作爲回報。

由於父母在我高一與大一時先後辭世，因此，我常常到韓家吃飯，並且學會打十三張外省麻將，至今我依然常常懷念，韓伯伯的書空咄咄，以及韓媽媽帶有赤子之心的談話。我在東亞所就讀期間，也受到韓大姊的貼心照顧；還跟國瑤一起喝會頭痛的烏梅酒。

根據三十七年的近身觀察，我深深感覺，國瑜是個孝子，不管他以前擔任立委期間有多忙，卸任之後住在雲林西螺，或是在北農期間，他總是常常回家陪韓媽媽吃飯，並且邀一、兩個好朋友，陪她打十三張家庭麻將。子曰：「君子務本，本立而道生，孝弟也者，其為仁之本與。」期待他的施政，能一本「孝乎惟孝，友于兄弟，施於有政」的初衷，致力於市民的福祉。

一九九〇年，當他第一次在中和參選台北縣議員，既未被國民黨提名，又沒有任何財團奧援，靠著自己一點積蓄，和幾個好友湊的一、兩萬元，搭了個小競選辦公室。競選期間，他開著台北市議員陳學聖當選後、借給他的破宣傳車，到處開講，這也是他為何對陳學聖心存感激之所在。猶記得當時有拚命三郎之稱的賴院霖老師、李璨元總經理等好友，開著、開著，經常半路上拋錨；還有，每次宣傳車從壽德新村出發，經常不小心越界，跑到板橋和土城去。當我在車上拿著麥克風，正大力推薦韓國瑜，路人才知道我們，這裡是土城的金城路和板橋的重慶路，沒有票啦！我們這才知道，壽德新村位處三地的交界處。

在他高票當選縣議員後，他的表現傑出。一九九二年中秋節，我跟韓國瑜等「北台會」議員一起遊絲路，當時是中秋節，我們到新疆烏魯木齊，住在十幾層樓高的飯店。當我們一群人外出吃飯、逛街，等深夜回到飯店時，電梯已經關了，兩人只好從樓下爬到十五樓，這也算是當年勇的趣事。

當年，他決定參選立委，我在國家政策研究中心任職，在文宣上，我們找了從台大到中山、從花東到外島澎湖，總共一百零八位大學教授（韓伯伯說可比梁山泊一百零八名好漢），聯名支持他。那時候，大學教授聲譽不像現在低落。猶記得，當我拿著連署書，向幾個傾綠的台大、政大、東吳教授要求簽名時，他們問我，能爲韓國瑜擔保什麼？我回答：以我對他的了解，我可擔保他一定清廉、有魄力、親民。

韓國瑜自一九九二年至今二十六年，連任三屆立委、擔任過中和市副市長與北農總經理。我還是依然相信，他一直持續堅持清廉、有魄力、親民，不負當初不同立場支持他的教授，與如今高雄市民對他的殷盼期待一樣。

「十年磨一劍，霜刃未曾試，今日把示君，誰有不平事。」很多人在探討韓國瑜所掀起的「韓流」成因與模式未來是否能夠複製，作爲一個無黨籍、也是他眾多朋友之一的我，經過三十七年的近身觀察，我清楚看到，他有非常獨特的從政經歷，從一九九〇年第一次未被國民黨提名參選台北縣議員，爾後連任三屆立法委員，到二〇〇二年卸任立委，一直到二〇一七年到高雄擔任國民黨光棍主委，在國民黨內部歷經李登輝、連戰、吳伯雄、馬英九、朱立倫、洪秀柱等國民黨主席，韓國瑜在黨內與政府內，可說未曾被重視與重用過。我曾經在馬政府時期推薦過他，或許是我人微言輕，他始終未被正視，更遑論重用。雖然過去十多年來，國民黨未曾在黨職、公職、黨營、國營企業，乃至財團法人與社團法人重用過他，但是他仍然沒有在新黨、親民黨等盛極一時時，背棄過國民黨。

他自二〇〇二年立委卸任後十多年，被國民黨黨政高層遺忘，長期在雲林西螺鄉下和台北北農，與庶民和社會底層朝夕相處，自然深知「三中」（中小企業、中南部、中下階層）甘苦，也深刻體會到國民黨內高層的政治文化，跟基層民眾之間的距離。他獨特的從政際遇，飽受政治冷暖的洗禮，加上個人不忘初衷的熱情、清廉、豪邁、坦率、理想又接地氣的訴求，這些非典型的鮮明風格，是韓流引爆的原因，恐怕不是一般政治政治人物所能輕易複製。

二〇一八年的選舉顯示：台灣（高雄）民眾對於政治人物的嚴格要求，使得民意不僅如潮水般快速起伏，更像海嘯般巨大洶湧，它會讓昧於時勢的政治人物遭到無情的吞噬。二〇一八年，韓國瑜一人創造出台灣地方選舉的政治奇蹟，究竟是時勢造英雄？抑或英雄造時勢？作爲他的友人，我認爲，雖然兩者皆有之，但前者比重應該較高。

選後，我眞心期待他能夠英雄造時勢、能夠一本初衷，以清廉、魄力、民胞物與，讓高雄市政建設能夠讓市民與世人刮目相看。在攸關國家安全與人民福祉的兩岸議題上，也能夠縮小台灣內部政黨與海峽兩岸的差距，爲兩岸的和平穩定與人民的福祉注入新的活水。方不負偉大市民選票的付託與國人的殷切期待。

不只是我的爸爸

韓冰（韓國瑜長女）

「我的爸爸是世界上最好的人。」

我想這個世界上十個有八個女兒會這樣形容她們的父親。我不會告訴你我的爸爸是世界上最好的人，他只是世界上最好的人「之一」，並不因爲我是他的女兒，而是因爲我的爸爸是韓國瑜。

不管在哪個職務，無論是對長官還是下屬，他總是先顧及別人，才想到自己，永遠把自己放在後面。他在北農一戰成名之後，大家看到我最常說的一句話就是：「妳爸口才眞好！」但其實我從來都沒有特別注意到他的口才，我只覺得他是世界上最有趣的人，讀過很多書、見過很多世面、喜歡天南地北談天論地、又有一種天生的幽默感，只要他願意，有他的地方一定有很多的歡聲笑語。

雖然他平常很隨和又有點無厘頭的喜感，但他絕對不是沒有個性的人，他對欺負弱小的事情完全零容忍，這是他的底線，他對「人」有一種發自內心的敬意，也因此常常告訴我們要尊重所有身邊的人，尤其是爲我們提供服務的人，包括司機、店員、攤販、服務員、廚師、保安、理髮師等等，因爲他們不只是做一份工作，更是幫助我們的生活變得更容易、更美好的人。

除此之外，在我心裡，他和一般既希望小孩開開心心長大、但是又希望子女成龍成鳳的爸媽完全不一樣，他是眞心希望我們快樂，他從來不會強迫我做我不喜歡的事，遇到我們頻率不同的時候，總是客觀地從不同角度分析事理給我聽，也會用開放的心態接受新的觀念，樂觀、理性又不古板的他是我最可靠的靠山，遇到再不如意的事情，總是叫我笑一笑，再一起想解決問題的辦法。

如果要我爲他下個註解，我會說，他眞的是一個用最開放的心去了解兒女世界的爸爸，他也是一個非常溫暖的人，不管是在家裡還是在外面，他總是先照顧別人而常常忘了照顧自己。他的善良、努力與仗義，我從小看在眼裡，總覺得這些優點可能會讓他在政治圈裡面過得很辛苦，但也正是因爲這些優點，我相信他會是一個努力照顧市民、帶給市民幸福的好市長。

這個世界上最好的人之一，他現在不只是我的爸爸，也是你們的高雄市長，韓國瑜。

永遠記得他那個眼神

黃光芹

做完口述的那個中午，韓國瑜站在陽台上，跟我講的最後一段話是：「高雄市民很勇敢，敢把票投給我，萬一我做不好，怎麼辦?!」從他的眼神中看得出，他有極大的壓力！

壓力大，代表他想盡心盡力去做，態度無可挑剔；但若最後結果不如人意，他勢必會受到選票的制裁，我也會加入批判的行列；屆時，恐怕最難過自責的，將會是他自己。

這本書，原本在二〇一八年八月就要進行，李佳芬和韓冰也大力支持。然而，就在韓國瑜要進行口述的前一刻，我發現他面色凝重、若有所思，顯得很猶豫，我主動喊卡，不想勉強他。

現在回想起來，他有三難。第一，選舉結果尚未揭曉，萬一他選不上，坊間卻留著他的書，他會覺得尷尬；再者，依他的個性，絕不希望有人將他塑造成「自幼看魚兒往上游」的政治人物；另外我猜，人的一生難免犯錯，要他在選前因爲出版社要求，將過去種種一吐而盡，他還沒有準備好。

直到選後，我再提起，發生在二〇〇四年一月三日的那起車禍，他已經能夠坦然面對，並鼓勵我寫進書裡。我相信，經過一場選戰的洗禮，韓國瑜已完整交出六十歲之前的「體檢報告」。（按：根據判決書記載，晚間十點五十分，在雲林西螺開車，在行經路口時，撞上一輛時速九十公里以上的重機，造成重機後座的白姓男子顱內出血，數日後宣告不治。韓國瑜被處以有期徒刑六個月，得易科罰金，緩刑兩年；重機騎士因無照駕駛，另被以過失致死罪判刑。）

我一九八九年開始跑立法院新聞，韓國瑜一九九二年底當選、隔年進入立法院。

我對他的印象，只停留在他總是穿著一件不合身的大西裝，眼鏡下目光銳利，像隻政治憤怒鳥，樣子並不討喜。

再看到他時，他現身戰場，因北農風暴，與段宜康和梁文傑戰得不可開交；儘管後來他因王世堅議會質詢事件一炮而紅，而我只是個觀眾，隔著電視螢幕看好戲罷了。

當發現他像「基度山伯爵」回歸，簡直判若兩人，連面相都改了，是在他參選國民黨主席，到我的廣播節目中受訪那時。每一次，他上完節目後點閱率劈哩啪啦竄升，沒有兩萬、也有三萬，這種現象一直持續到他競選高雄市長，沒有高、只有更高。「韓國瑜現象」在當時早已形成，只是沒有料到，到最後竟然摧枯拉朽，匯集成一股韓流。

韓國瑜與媒體交好，並非源自於他有任何高明的公關手腕，而是因爲他仗義、正直、公道、不喜歡欠人情的個性。我天天都在發通告，看過形形色色的政治人物，他是唯一一個面對惡質媒體人，以威脅利誘手段搶通告，而沒有倒過的人。光就這一點，我對他刮目相看。

從韓風颳起，產生西瓜效應，一直到他當選，「韓國瑜旋風」方興未艾。接受我訪問的政治人物，不分藍、綠，有一個共同現象，就是韓國瑜上身，不是津津樂道他的「韓國瑜模式」，就是拿自己與他類比，誤以為自己也可以變成「韓國瑜第二」。

就我看來，沒有人可以複製「韓國瑜模式」，包括他自己在內。他的政治旅程，已邁入下一個階段，必須創造另外一個「韓國瑜奇蹟」，否則過去的韓國瑜，會很快打敗現在的韓國瑜。

張五岳教授的序文中，對於究竟是「時勢造韓國瑜？還是韓國瑜造時勢？」持保留的態度；我認為當然是後者。但是，人就是人、人絕不是神，政治人物尤其要有這樣的自覺，否則總有一天會被趕下祭壇。這一點，韓國瑜十分清楚。

韓國瑜、李佳芬和我，之所以願意接受時報出版的邀請，共同完成此書，是因為我們三個都是老時報人，自然有一份情義在。

由於時間相當趕，連採訪在內，我前後只花十天就撰寫完成。我堅持以二〇一八年十二月二十五日爲分界點，我可以記錄韓國瑜之前的歷史，但之後，我必須抓緊媒體人的角色分際，持續監督他。

誠如韓國瑜自己所說，水能載舟、也能覆舟，就讓我們跟著禿子走，看看禿子可不可能一直跟著月亮走？

夜襲

——一百天翻轉高雄·全台灣

韓國瑜高雄市長選戰全記錄

KING
0929-507788

挺進，在漆黑的原野上

賣菜郎CEO

打造高雄
全台首富
Believe
Begin
Become

瑜
我

瑜

東西賣得出去，人進得來

一夕翻轉高雄

高雄市議員
候選人

神力助持，
一路有你

打造高雄
全台首富

韓流逆襲，翻轉全台

選前之夜造勢
與市

賣菜郎

複雜的腦，單純的心

相信高雄，相信韓國瑜

第一章

叛逆少年兄的從政夢

他來自眷村

韓國瑜一九五七年六月十七日出生，從小在眷村長大。

他的父親韓濟華與母親韓莫蘊芳，都是河南商丘縣人，兩人青梅竹馬，畢業於商丘師範專科學校，是合格的教師。

韓家在商丘是大地主。韓濟華總共有四個兄弟，他是家中長子。若依照大排行，連他的堂兄弟算在內，韓國瑜總共有九個叔叔。

對日抗戰爆發後，韓濟華投筆從戎，報考軍校，進入黃埔軍校第十七期裝甲兵科，後被編入遠征軍，在印度與日本人作戰。

「駐印戰車訓練班」第三期畢業紀念冊上，有韓濟華的名字，軍銜是「戰車編練處中尉隊附」。所謂戰車編練處，爲在駐地薩地亞成立的訓練班，由先前留駐印度

「戰一營」改隸，是裝甲兵駐印時期的建制。

日軍攻陷商丘，韓國瑜母親深陷淪陷區。一夕之間，其所任教的小學，到處都是日本人，老師也通通被換掉。因此，她會說簡單的日語。

韓濟華擔任裝甲兵連長，隨軍隊來台，是家中唯一一個離開故土、來到台灣的人。他這麼一走，老家全被打成黑五類，在文革時期慘遭清算鬥爭，韓國瑜的幾個叔叔下場悲慘。

直到二〇〇一年，韓濟華才在韓國瑜的陪同下回老家探親，爲已逝的親人修墳立碑。兩年後他病逝，老家虞城和台灣兩地，同時爲他舉行追悼會。

韓濟華夫婦來到台灣，第一站落腳台中清水，住沒多久就搬到桃園中壢。一家八口擠在自購的一幢小房子裡，擁擠不堪，加上有六個孩子要養，韓國瑜的父親總感覺揮灑不開。

對所有隨國民政府軍隊撤退來台的第一代老兵來說，他們對蔣介石「反攻大陸」

的決心深信不疑。眷村之所以又名「竹籬笆」，大多數家庭購置隨時可以丟棄的竹椅，都源自同一個信念，韓濟華也不例外。

兩夫妻好不容易省吃儉用、辛苦買下的小房子，韓濟華竟然大方轉送鄰居，一分錢都不要。眼見多少年過去了，反攻無望，韓家的房子也要不回來了。他只好帶著全家住進板橋中正新村。中壢的房子，後來被改建爲戲院。

韓濟華夫婦總共有六名子女，韓國瑜排行老五，上頭有兩個姊姊、兩個哥哥，老么是弟弟韓國瑤。

中正新村是個陸、海、空三軍眷屬群居的大雜院，除了韓國瑜之外，還出了夏龍、方芳芳等名人。

民國五十二年葛樂禮颱風來襲，韓國瑜印象深刻。當時他念小學一年級。「水淹到屋頂，我們家剛買的電晶體收音機，在那個年代極爲罕見，也掉進水裡。情急之下，母親帶著我們六個小孩，逃到村子前的中正國小避難，只留父親一個人在家守著。」

「軍用卡車載著一箱箱的口糧前來賑災，箱子都還沒有完全搬下來，所有居民就衝上去搶。我望著阿兵哥們滿臉的無奈，內心也遭受極大的衝擊。」

風災重創中正新村，兩年後居民被迫搬遷，就此一分爲二。在政府一聲號令下，陸軍眷屬遷往中和壽德新村；海軍則分配到土城長風三村。前立委林正杰，是韓國瑜在壽德新村的鄰居。

搬進壽德新村，韓國瑜小學三年級，讀板橋國小。那個年代，板橋、中和及土城一帶，觸目所及都是稻田。

每天早晨上學和傍晚放學，韓國瑜總得各花一個小時，獨自走過田埂。「只記得，從小三到小六，我不停地在田埂上走，一直走到小學畢業。」

壽德新村後方有一條淡水河，每到夏天，韓國瑜總會與鄰居小孩三五成群，結伴到淡水河裡游泳。有一次，他因爲沒注意到河床存在高低落差，一腳踩空，掉進深水區，雙手不停拍打，卻越陷越深；水不停灌進他的口、鼻，進到腹腔。要不是鄰居小孩七手八腳把他拉到河床上，並且不斷幫他擠壓肚子，救回他一命，否則就沒有今天的韓國瑜了。

叛逆少年兄

韓國瑜的父母在大陸時期擔任教師，到了台灣之後，因爲鄉音太重，無法再繼續從事教職，但是教育的底蘊還在，十分重視孩子的教育問題。

韓國瑜的個性跟父親很像，爽朗、阿莎力。但是作爲父親，韓濟華是百分之百的嚴父，除了嚴格督導孩子們的課業外，還相當重視身教，素來以忠、孝、誠懇、厚道、誠信傳家。

韓母自韓國瑜幼時，親自教他背誦唐詩、宋詞，閱讀古文觀止。至今李白的〈將進酒〉，韓國瑜依然能夠朗朗上口。這是他最喜歡的一首詩：「人生得意須盡歡，莫使金樽空對月。天生我材必有用，千金散盡還復來。……岑夫子，丹丘生。將進酒，杯莫停。……古來聖賢皆寂寞，惟有飲者留其名。……五花馬，千金裘。呼兒將出換美酒，與爾同銷萬古愁。」這首詩在韓國瑜人生起伏跌宕的關口，扮演關鍵性力量。

韓國瑜就讀海山國中時，國一、國二上學期依能力分班，被分到二年十四班、唯一的升學班，名為「菁英班」。起初，他的功課一直保持在水準之上；但到了國二下學期，由於心思全飄到班上一位女同學身上，所以成績一落千丈。總計十一科，他有九科不及格，僅靠軍訓和體育兩科充場面。

「我們菁英班男、女合班，好死不死，我前面坐了個叫淑華的女生，腿長得特別好看，每天在我面前晃來晃去，晃得我心神不寧，功課從此一蹶不振，一下子被打趴到後段班。一直延續到十幾年後，我才重新振作起來。」

韓國瑜國三被分到「放牛班」，被父親打得半死。一般人鐵定灰心喪志，連頭都抬不起來；但是他老兄，反而鹹魚大翻身。

「到了放牛班之後，每次考試，我將考卷一攤開，總覺得簡單。以我過去在『菁英班』打下的基礎，應付起來綽綽有餘，三兩下就把考題全都答完，還借給前後左右的同學抄。剎那間，班上有一半同學的成績突飛猛進，英文和數學一下子跳到九十幾或一百分。班導師還被校長叫去獎勵，稱讚他說：『你帶的這個班，已經不是放牛班，反而具備升學班實力了！』」

韓國瑜國中時個子矮小，坐在教室前面幾排。班上同學楚河漢界，前面一半是眷村小孩，後面一半身上帶有武士刀、掃刀、扁鑽和木棍，手指上掛了鬼頭戒。放學前就在磨刀子，準備等一下到校外跟人家火拚。

多少年後，當他帶著太太李佳芬經過海山國中，還會用手指著其中一棟大樓的頂樓，說：「那就是我們全校最高等的班級——放牛班！」

海山國中採分班制度，對韓國瑜產生深遠影響。他認爲，辦教育就要像孔老夫子因材施教。他過去在菁英班的同學黃克武，後來在牛津大學東方學系和史丹佛大學歷史系拿到碩、博士，並成爲中研院近代史研究所研究員、所長，就是典型的例子。

以韓國瑜這樣上不上、下不下的成績，國中畢業考高中，全部七科以三百五十八分的低標，考進私立恆毅中學；但到了高二，他接到通知要被留級，被父親毒打了一頓，只好摸摸鼻子，到迴龍的自由中學（光啟中學附設國中部的前身）避難。

或許因爲挫折感很深，加上轉校對新環境不適應，他開始逃學。每天早上上學前總會謊稱肚子痛，不想到學校去。韓母爲了鼓勵他上學，每天在出門前給他二、三十塊錢，他的肚子立刻不痛了，拿著這些錢，轉頭就跑到彈子房打彈子（撞球）去了。韓國瑜不混幫派，喜歡充老大，身旁總跟著四、五個小兄弟，除了打彈子、開舞會之外，還抽菸、打架。他們抽的是一根五塊錢的零菸。較爲荒唐的是，他們跟情侶抽「戀愛稅」。「兄弟，我們家住很遠，需要車錢回家！」如果對方說：「身上沒錢！」幾個人立刻衝上去，逼人家把錢掏出來。回家後，再背起書包，裝得謙恭有禮，令父母毫無察覺。

就這樣，韓國瑜度過既叛逆、又浪蕩的十七歲。

高三下學期，他的功課仍不見起色。民國六十四年蔣介石總統過世，教官在校宣導，政府爲鼓勵年輕人從軍報國，凡在四月五日到十一日的期限內，報考軍校的學生，雖然還有兩個月才能畢業，依然可以拿到高中文憑。韓國瑜心想，大學聯考錄取率連百分之三十都不到，依他當時的狀況，鐵定無法通過大學聯考的窄門。因此回家後，主動向母親提出想要報考軍校。經韓母與韓國瑜父親商量後，最終同意他踏上從軍之路。

在軍中成長

韓國瑜自認，一生可以用六首歌來串連。第一首就是蔣緯國先生用以自況的〈哥哥爸爸眞偉大〉！

他的父親來自黃埔，官拜中校；家裡四個兄弟，其中一個哥哥也當了軍人，再加上他，韓家總共出了三個軍人。

韓國瑜第一次選舉，參選台北縣議員，由國民黨黃復興黨部提名，拿下第一名，一直到現在都是黃復興黨部成員。

韓國瑜十八歲、也就是民國六十四年那一年，蔣介石總統過世，政府鼓勵年輕學子從軍報國，召喚出二千名青年投筆從戎，報考人數爲歷年之最。韓國瑜通過考試，成爲陸軍官校專修班第四十期學員，意外成爲父親的學弟，兩人相差二十三期。

報到當天，他隻身前往板橋火車站，搭火車到鳳山。他身上穿著一件花襯衫和一條白色的大喇叭褲，大搖大擺走進官校，就像走星光大道一樣。進到營區，韓國瑜立刻遭到責罵，慌亂中他把衣、褲脫下丟進垃圾桶，換上軍裝，剃個小平頭，就此硬生生將人生切成兩半。

他與家人、社會、學校、朋友和狐群狗黨隔絕，開始適應新環境。出乎意料之外，他們一連一百多人，許多是閩、客族群，所說的話，他完全聽不懂，猶如到了另外一個世界！

韓國瑜的軍旅生涯，前後六年——受訓一年、服役四年、留役一年。

他在軍中表現突出，第二年就升少尉排長，奉派到土城運輸兵學校（即現在的鴻海總部所在地）。到了那裡，他才發現他所帶的兵有些年紀比他還大；其中一位老班長都已經四、五十歲，他才十九歲，該如何管理這些「老」部下，簡直煞費苦心。

一年多後，他被調到「外島中的外島」——馬祖東、西莒陸軍野戰二四九師，擔任汽車連副連長，遇到「兩難」。首先，運輸兵汽車連缺乏現代化設備，他的處境艱難。再者，在外島帶兵必須強悍。「有些兵進部隊之前是小混混，衣服一脫，不僅刺龍、刺鳳，還很會打。他們會打，我要比他們更會打！」

「我平常不打兵，最多只是罵而已；但遇到一種情況，我不但打，還一上去就又打、又踹！就是當他們酒後鬧事！」

「久而久之，這些兵一看到我就怕，知道我不是好惹的；但私底下，我對他們都很好。我的原則是，你亂搞，我就幹！你老老實實的，我就幫你。後來他們被我馴得服服貼貼的，還跟我成爲好朋友。」

服役滿四年，韓國瑜轉調花蓮，在那裡以上尉身分退伍。軍中最後一年，是他生命的轉捩點，整個人脫胎換骨。

汽車連隔壁是衛生連，有許多來自醫學院系的高材生，其聰明的程度令韓國瑜嘆爲觀止。「我不過跟他們聊個幾次天，就發現他們頭腦特別好，比自己優秀太多。其中一位來自台大醫學院的醫官，數、理、化成績不是九十九、就是一百分。」更令他覺得不可思議的是，他把自己關在房裡兩天，就將時下最流行的魔術方塊給破解了，還把演算公式拿給他看。「這是什麼腦袋！」他自嘆弗如，下決心重拾書本。

從他國三被打入放牛班，再到自己發憤圖強，倏忽十一年過去。對於之前的光陰虛耗，他感到懊惱。於是化身勾踐復國，頭懸樑、錐刺股，發瘋似地埋首書堆，一天二十四小時，他十三、四個小時都在看書。就這樣一連苦讀了十個月，把高中三年荒廢了的國、英、數、史、地和三民主義，全都找回來，一讀再讀，就怕時間不夠。

韓國瑜在民國七十年四月退伍、在七月一日走進考場，當時已經二十四歲「高齡」。他參加大學聯考，以六科、三百八十五分的成績，考上東吳大學英文系，從此人生展開新頁。

其少也多能鄙事

兩個分數，對韓國瑜來說具有特殊意義。

一是他參加高中聯考，七科、三百五十八分；再者則是大學聯考，六科、三百八十五分。等於高中聯考平均每科五十一分，大學聯考平均每科六十二·五分。對他來說，數字如同他人生的度量衡，他終於及格了！

與韓國瑜同期的軍中同袍，退伍之後由於無一技之長，只有少數人創業有成，其他有的開計程車、有的經營武俠小說店、還有人去當保全。像他這樣回頭念書、報考大學者，絕無僅有。

韓國瑜在軍中六年，攢了十萬元，全數交給母親，自己身無分文，只好白天念書，晚上上班。

打開鴻源吸金案的「債權人名冊」，赫然發現韓國瑜母親的名字。按時間推算，一九八一年爆發鴻源案，韓國瑜剛好退役。合理的推測，韓國瑜的父母可能是鴻源案的受害者；他之所以必須沒天沒夜打工，或許與雙親投資失利有關。

韓國瑜所打的第一份工，是在大直北安路上的「美僑俱樂部」當警衛。大夜班比小夜班多出四千元，爲了多賺一點錢，韓國瑜自然選擇大夜班，月薪一萬元；沒多久，他又轉到另一家飯店任職，一樣的工作、花同樣的時間，但薪水足足多了六千元，他當然轉台。

大夜班上班時間，從晚上十點到隔天早上六點，每當他徹夜熬夜，值勤結束回家，若碰上第一堂課八點，他只能睡一個小時；除非第一堂課在十點，他才能多爭取到兩個小時的睡眠時間。他的睡眠時間被切割得極爲破碎。只要一找到時間，他就睡。

大學四年他一直在打工，除了保全工作外，還當過接線生。這樣忙碌的工作狀態，直到大四下學期才告一段落。

後來他發現文科並非他的最愛，他想修國際關係，於是馬上放下手邊工作，靠先前打工攢下的積蓄，維持基本生活開銷。多出來的時間，則全心放在準備研究所考試。

韓國瑜閉關苦讀幾個月，在二十八歲那年，同時考取兩所研究所——政大東亞所和淡大國際戰略研究所。由於政大每個月提供四千元獎學金，礙於經濟因素，他毫不猶豫選擇政大東亞所。

中國時報社長王丰是韓國瑜研究所的同學、淡大大陸所副教授張五岳是他的學長、前國安會祕書長蘇起是他的指導教授。

韓國瑜在競選高雄市長期間提出「九二共識」，選後成立「兩岸工作小組」，籌劃高雄與廈門「雙城論壇」，幕後操盤手就是與他有數十年交情的張五岳。

回想與韓國瑜昔日的交往，張五岳記得韓國瑜每次領到薪水的第一件事，就是請他們吃大餐，對他們這些窮學生來說，實在是一種享受。

王丰和韓國瑜在一九八四年進入東亞所，第一天上課，當王丰走進教室時嚇了一大跳。因爲以前研究所最多三到十個人，但他們那一班竟然擠了二十多人，還有金髮碧眼的，他以爲走錯教室來到大學部。等他坐定以後，才聽同學說，他們班上有七、八個同學來自韓國、四個來自法國，加上本地的十二個，剛好可以組成一個小型聯合國。

當時，他們的教授多半是外省人，操著濃厚鄉音。等第一節課上完，外國同學跑了大半，只留下幾位韓生，跟他們繼續研究。

研究所三年，王丰很少看見韓國瑜，兩個單身漢倒是常在校外吃消夜。當韓國瑜第一次提出邀約，王丰還反問他：「你是誰啊？」「我是韓國瑜啊！」王丰這才知道，他跟韓國瑜同班。

韓國瑜讀研究所期間，先在台北市議員馮定國、洪濬哲、陳俊源、高薫芳和陳光憲等人合組的聯合辦公室擔任助理；與他同期的市議會助理，還包括：市議員林文郎的助理林瑞圖、謝長廷辦公室助理余莓莓等人。

當時，李佳芬在中國時報上班，因爲採訪馮定國的關係，進而認識韓國瑜，兩人隨即陷入愛河。韓國瑜的開銷加大，必須再兼份差，於是考進中國時報大陸室擔任研究員，透過外電翻譯，處理大陸新聞，與李佳芬、王丰變成報社同事。

從讀研究所、擔任議員助理，再到中國時報短暫停留，事實上，韓國瑜想從政之心早就蠢蠢欲動。最後火山終於爆發，變得一發不可收拾。

就是要從政

韓國瑜讀研究所時，白天上課，晚上在中國時報大陸室擔任研究員。不滿一年，就決定參選台北縣議員。

他對政治懷抱高度興趣，包括大四改修國際關係、考進政大東亞所、當市議員助理，都是伏筆。

沒有人跟他接頭、沒有人勸進他，韓國瑜抱持對政治的狂熱，蓄足了火力，一頭衝進戰場。

選舉要花錢，他沒有錢，勉強找了幾個好朋友，湊了九十萬元，就這麼開始打選戰。

他在眷村旁租了個矮房子，當競選總部；在參選立委落選人的競選總部，拆掉不要的日光燈和綵球、把剩下的礦泉水搬回去；再把綵球上原先「祝賀某某人當選」的黑字塗掉，重新寫上「張三贈送」、「李四恭賀」、「英雄出少年」等字眼，還特別選用紅色墨汁，為自己壯聲勢。

一九八九年底，省、市議員選舉，陳學聖當選台北市議員。他與韓國瑜都未獲國民黨提名，自行參選，經費相當拮据。陳學聖一選完，就把先前用過的二手麵包車、桌子、燈光、音響，連同班底，通通移交給韓國瑜。等交到他手上，都已經變成三手的。韓國瑜勝選當晚，跟七個競選夥伴低頭吃泡麵，也是陳學聖送來的。這就是為什麼，陳學聖二〇一八年參選桃園市長，韓國瑜非得在百忙之中到桃園與他合體的原因。

有一個競選花招，為韓國瑜所首創。時至今日依然有人採用，就是：他在沒有人脈、缺乏組織的情形下，每天一大早六點鐘，跑到中和各個橋頭站崗，向選民揮手，風雨無阻。如此另類的競選方式，當時轟動了全中和。連公車司機行經橋頭，看見他像個瘋子一樣在那裡揮手，都感覺不可思議。

韓國瑜湊來的九十萬元，只在文宣上花了七十多萬元，其餘都靠土法煉鋼。這種拮据狀態，一直持續到他擔任議員初期。在中國時報上班的李佳芬，每個月還得拿出半薪幫他付助理費。每到議會發薪水的時候，韓國瑜絕對在第一天就把錢領出來。

韓國瑜才花三個月就當選議員。他在一九九〇年三月一日就職，同屆議員還包括：吳善九、江惠貞等人。他們合組了一個次級團體──「問政公道會」，經常聯合質詢，砲火四射，磨刀霍霍對向民進黨縣長尤清。

韓國瑜問政風格火爆，爲自己惹來不少麻煩。最著名的一次，是在一九九〇年十一月十六日，爲杯葛尤清進行施政報告，對他拍桌怒嗆；當發現尤清竟然敲桌還擊，他怒不可抑，氣急敗壞地抓起桌上的保溫杯向尤清砸去，並且快步衝向主席台，跳上尤清備詢的桌子，勒住他的領帶想要毆打他。幸被在場議員吳滄富把他拉開，否則政治風暴難息。在這次衝突中，韓國瑜不慎摔倒，也傷到後腦勺，住進醫院療養。

韓國瑜事後反省，他爲何這麼暴怒？探究原因，與當時政壇意識形態高度對立、場外修憲人士走上街頭，政治氛圍變得躁動不安有關。他一月當選，二月國民黨爆發主流、非主流政爭，三月「野百合學運」登場，三月二十一日、二十二日國民大會間接選出李登輝、李元簇爲正、副總統。

他非政治世家出身，缺乏政治前輩指導，只能懵懵懂懂自我摸索，以爲只要犀利問政、作風彪悍，就等於站在正義的一方。現在回想起來，不免有些後悔：「如果時光倒流，我不會用那種方式問政！」

撇開個別事件不談，韓國瑜幾次亮眼的質詢，不僅受到政壇關注，還頗受媒體青睞，直到現在爲止都還留有記錄。

一九九二年五月十一日，中和市中山路上的自強保齡球館凌晨發生大火，總計奪走二十條人命，爲台北縣二十年來傷亡最爲慘重的一次火災。雖然警消人員在第一時間趕到，卻因爲巷道窄小，並停滿機車，所以當消防車好不容易進入火場時，現場早已陷入一片火海。

事後檢討，由於保齡球館裝潢多採易燃材質，整棟建築物又被鐵板封死，室內通道又集於一處，只有「巷仔內」的員工和施工中的人員，得以順利從機房後面的安全門逃脫，其他消費者則命喪火窟。針對這起事件，韓國瑜在議場上砲聲隆隆。

韓國瑜：工務局管工務局、建設局管建設局、警察局管警察局，沒有一個單位要負責，這簡直不可思議！

尤清：我有責任一定一肩挑，但是不是今天拍胸膛就可以解決。我很願意一一追求法律責任，我，假如有責任，一樣負責。

當天質詢的主題，還包括：台北縣政府有意徵集國民兵。

尤清：一般常識大家都了解，徵集國民兵是屬於地方政府的權限，有法律訂定，必須要遵從，假如不遵守，我們有人事的調動權。

（內政部官員：有關動員國民兵，不在地方自治的項目裡面。）

韓國瑜：你要編列武器，購買武器，你要為誰而戰、為何而戰？你要打誰？敵人在哪裡？你滿口胡說八道，現在社會變了，國之將亡，必有妖孽，就是像你這種妖孽！

誰是誰非？社會自有公評。以中和保齡球館大火爲例，在地方議會與國會的雙重監督下，尤清飽受各方責難，政府因此展開大規模清查，並大動作拆除非法保齡球館；尤其，針對阻礙逃生的鐵皮屋建築以及一般建築，立法院也責成有關單位必須拿出對策。

「自強保齡球館大火」案，政治後座力無窮，不僅影響到才剛在台灣風行的保齡球運動；韓國瑜也疑似遭到報復。

韓國瑜自小在壽德新村長大，事件發生後沒幾天，眷村一整排、八幢房子，遭火舌吞噬。雖然尤清第一時間趕赴現場關切，但事後的偵辦行動明顯顯得消極，似乎背後有很大的壓力。至今，失火原因都還是個謎。

韓國瑜在空總住院期間深切反省，知道自己錯了。出院後，就調整問政風格。爲了表示歉意，他剃了個大光頭，在議會餐廳公開向尤清道歉。尤清並未進一步追究。事隔二十八年後，韓國瑜參選高雄市長，尤清接受媒體訪問，顯得餘怒未消：「當時我是可以對他提起妨害公務的告訴的！」

曾經與韓國瑜在國會書記長任內共事的前國民黨國大黨團書記長陳明仁回憶，剛踏入政壇的韓國瑜，有點兒「政治過動兒」的傾向。這個描述對他來說，十分傳神。

韓國瑜的任期到一九九三年一月三十一日才結束，他卻迫不急待搶搭立委選舉列車，投入一九九二年十二月十九日的立法委員選舉，打人生中第二場選戰。

那一年台北縣選區應選名額爲十六名，總共有四十八名候選人參選，相當激烈。韓國瑜輕鬆當選，分析起來有兩個主要原因。第一，國民黨祕書長宋楚瑜首開先例，在黨內進行初選。韓國瑜參加黃復興黨部初選，跌破外界眼鏡，拔得頭籌，鄭逢時第二，「老」神在在的軍系立委周書府（周錫瑋的父親），落居第四，迫使黨部不得不提名韓國瑜，將周書府改列不分區立委。

第二個原因是，一九九二年國會全面改選，解除長達四十四年的禁錮。朝、野十四個政黨，共推出四百三十位候選人。最受矚目的是，「政治金童」趙少康突然辭去環保署長職務，以無黨籍身分在台北縣參選立委，所向披靡，一舉囊括二十三・五萬多票，得票率爲該選區總得票率的十六・九六%，其他四十七名候選人，平分剩下的選票，得票率低到介於三到二%之間，「集思會」立委吳梓，則在這次選戰中落敗。韓國瑜搭著「趙少康旋風」，聲勢水漲船高，拿了八萬多票，名列第三，對一位政治新鮮人來說，儼然上了雲端。

看他暴起與暴落

從一九九〇年到一九九二年，不過短短兩年兩個月，韓國瑜無役不與，連選連勝，從地方議員、攀登上國會殿堂，時年不到三十五歲，可謂政壇之路一飛衝天。

一九九五年十二月國會改選，隔年就是台灣第一次總統直選，各政黨摩拳擦掌。韓國瑜尋求連任，以台北縣第三高票當選。三年後，他三度參選立委，依舊維持不錯的聲勢。

一九九八年底，由於凍省因素，省議員大舉進軍，國會席次擴增爲二二五席，人數多到連駐衛警都不認識。

自一九八八年四月，民進黨立委朱高正跳上主席台，對代理院長劉闊才揮出第一拳開始，立法院始終沒有平靜過。許多法案和預算，根本就是「打」出來的。

一九八八年十二月六日，民進黨立委主張「廢除萬年國會」，呼籲「老賊下台」，在議場試圖扯掉劉闊才身上的麥克風，與國民黨立委扭打成一團。立法院長在國會，首度動用警察權。

一九九〇年五月二十九日，立法院行使行政院長郝柏村的同意權，民進黨抗議「軍人組閣」，與國民黨立委爆發嚴重肢體衝突，梁肅戎院長動用史上第三次警察權。

隔年四月十二日，民進黨立委張俊雄假借上台向院長遞交抗議書，甩了梁肅戎一耳光，盧修一進場聲援，混亂中被警察架出議場。

爲了對抗強大的國民黨，民進黨不惜引爆衝突，而且花招百出。一九九〇年九月二十五日，王聰松爲了阻止梁肅戎強行表決《勞基法》第八十四條修正案，從紙袋裡掏出預藏的氣壓式澆花器向他噴水。他還曾拿打火機，將手提箱內一件浸滿油漬的西裝，在議場焚燒。

陳婉眞在任立委時也十分剽悍。爲了阻擋副院長王金平動用表決權，把垃圾袋套在他的頭上。

國會亂象至今未休，不過朝、野角色互換罷了。

二〇一七年七月，立法院臨時會處理「前瞻基礎建設」第一期預算案爲例，兩黨爆發全武行。國民黨立委費鴻泰與民進黨立委李俊邑大打出手、許淑華賞了邱議瑩一耳光，連法官出身的立委吳秉叡，都搬起主席台上的椅子向立委同仁砸去。美國有線電視新聞網（CNN），特剪接了此一衝突畫面，向全世界播放，令國會亂象貽笑國際。

二〇一六年十二月，朝、野立委爲「一例一休」開打，四十四歲的民進黨立委王定宇在混亂中特別搶眼。他一進場，就選擇比他大了十六歲的國民黨立委陳宜民下手，勒他的脖子、拉他的後領，還一度將他大腿抬起，試圖把他扔下主席台。事後，王定宇辯稱：「這不過是議會攻防的一個正常狀態！」

若時光倒流回到二十五年前，當王定宇碰上國民黨軍系立委趙振鵬，鐵定不是他的對手。趙振鵬陸官二十九期畢業，不僅練過氣功，還有十足的功夫底子，曾經一人拳打七名民進黨立委，身手之俐落，至今無人能及。

國民黨縱容黑道立委，率眾介入國會議事，最激烈的一次是在一九九三年進行核四預算討論時，台南立委施台生發動群眾，占據議場旁聽席，對台上發言的民進黨立委高聲叫罵，還與聲援民進黨群眾在院外大打出手，連立法院駐衛警都不敢輕舉妄動。

二〇〇〇年十月，懷疑遭「天道盟」大哥羅福助關狗籠的立法委員廖學廣，公布了一份十五位受暴立委的名單，陳其邁與韓國瑜赫然在列。陳其邁當時並未受訪；韓國瑜則重建現場，指稱他被民進黨立委王幸男在混亂中打了一拳，打傷嘴巴，害他好幾天不能親女兒。「他不是故意打我，事後我也沒有追究。那天在議事堂上，四、五十個人亂成一團，我只是受到池魚之殃。不過我事後看電視才知道，當天被打得最慘的是余政道。」

民進黨立委余政道遭痛毆一事，發生在一九九九年立法院第四屆、第一會期。當時正在審查公益彩券「博弈條款」，以及「農漁會除罪化」等條文，民進黨持反對立場，陳昭南丟木屐、李文忠丟議事錄，現場陷入一片混亂。余政道等人上前勸架，遭羅福助暴打，戴振耀幫他擋了幾下，但余政道的頭部還是挨了三、四拳。緊接著，立委林明義和周五六上陣，分別在余政道的胸部、腹部和後腦杓，各自打了三、四下。總計前前後後，余政道被他們三人打了一分多鐘。事後，他到台大醫院驗傷，有輕微的腦震盪、眼角瘀青、嘴角流血。羅福助因此被判拘役五十九天，得易科罰金。

韓國瑜參選高雄市長時，昔日在立法院打人的畫面被掀出來。

一九九三年五月二十六日，立法院國防委員會審查榮民就養、就醫等預算案，根據立法院公報第八十二卷第三十期的發言記錄，陳水扁當時質詢退輔會主委周世斌：「大陸榮胞中心的四十四個員工，人員維持費二千二百多萬元，然而一百六十個大陸榮胞的生活費，卻只有一千六百萬元，員工人數只有榮胞的四分之一，為何其人員維持費卻是榮胞生活費的一．五一倍？那你把大陸榮胞當什麼？當作豬在養啊？」

事實上，他在為榮民爭取權益，但聽在韓國瑜耳裡頗覺不是滋味。「陳委員，你不能這樣講！你怎麼可以說『把他們當成豬在養』？」陳水扁反駁：「這樣子不可以嗎？本席哪裡不對！四十四人二千二百多萬元，而一百六十人只有一千六百萬元！」

韓重申同樣的質疑。一旁另一位軍系立委蕭金蘭加入戰局：「講話不要這樣刻薄！」韓國瑜加碼：「這不是刻薄，這是殘忍！」「什麼殘忍？哪裡殘忍？」陳水扁辯解。「怎麼可以用這樣的形容詞呢？」韓國瑜不見陳水扁認錯，接著就翻桌了。

韓國瑜餘怒未消，等陳水扁質詢完、回到座位，正準備坐下的時候，從後方偷襲。他原本手插口袋，等靠近陳水扁，即掏出左手重擊他的頭部，陳水扁整個人被打翻出去，送醫住院三天。

陳水扁當時是立法院的明星立委。他在擔任第一屆增額立委時期，就以揭弊聞名，是民進黨立院黨團幹事長，也是民進黨首位國防委員會召集委員，更是民眾和助理票選出的第一名立委；但也因爲犀利問政，爭議不斷。

一九九〇年三月七日，陳水扁在國防委員會質詢國防部長郝柏村，由於發言時間超過，被主席周書府制止，他氣憤塡膺，衝向備詢台將郝柏村的桌子給掀翻。郝系大將郁慕明出面護駕，拿起一旁椅子就砸，還口出三字經，全場因此陷入一片混戰。

好死不死，韓國瑜把陳水扁打到住院的同一天稍早，國民黨立委林明義在經濟委員會也打傷蘇煥智。「當時我爲了爭取提高稻穀收購價格，國民黨用程序問題杯葛議事，我等了好幾個小時都無法上台。我用台語勸林明義要忍耐，他聽成『幹你娘』，以爲我用三字經罵他，立刻向我衝過來，打我的頭，打到我連眼鏡都掉下來了。」

兩場衝突加在一起，事情變得一發不可收拾。首先，韓國瑜家裡接到恐嚇電話。隔兩天，則有大批南部鄉親北上包圍立法院。

爲了聲援韓國瑜和林明義，羅福助發動幫派份子前來助陣，兩方爆發衝突，中正一分局動員大批警力在現場維持秩序。雖然支持者中不乏老榮民，卻因爲有不少黑衣人夾雜其中，韓國瑜就此被貼上「黑道同路人」的標籤；加上，同年又有他帶著爲天道盟老大許天德槍擊案頂包的小弟前往警局作筆錄案，至於這些事在他參選高雄市長期間，又被拿來作文章。他只有自我解嘲說：「對，我是黑道，我還是色情狂！」

韓國瑜從頭至尾，都認爲使用暴力，即使在國會殿堂，就是不對。當時，他也公開向陳水扁道歉：「當年大家都年輕氣盛，又適逢立法院第一次全面改選，每個人背後都肩負龐大選票壓力，難免在爭取法案的過程中發生衝突，絕非任何人所樂見。」

他和父、兄都是軍人出身，從小在眷村長大，一九九六年一月，《國軍老舊眷村改建條例》三讀通過，身為黃復興黨部推出的立委，韓國瑜下場拚命。「退輔會當時提出八百億元預算，原本排定二讀審查，沒想到院會開始，主席台就被二十多名民進黨立委團團包圍，令劉松藩院長根本無法主持議事；而現場沒有一個國民黨立委敢衝上前去。」

「我心想，如果不大幹一場，恐怕今天會議就不用開了，憑著這個直覺，我的火氣上來了，一個人像發了瘋似地衝上前去，左右開弓，亂打一通，見一個、打一個。後來民進黨立委周伯倫跟我開玩笑說：『你還眞打？』我說：『我當然眞打！』如果這個預算案沒通過，幾十萬戶、上百萬榮民、榮眷，只得繼續住在破舊不堪的眷舍裡；況且，若當年不推動眷改，後來阿扁上台就更不可能推動了！我因此被黑，也認了！現在回想起來，一切都很值得！」

事實上，韓國瑜當年暴走，不僅為榮民、眷屬爭取權益，部分原因出自他的岳父李日貴。

韓國瑜的妻舅、雲林縣議員李明哲透露，李日貴是「八二三砲戰」的台籍老兵，也是第二任「雲林縣八二三戰役戰友協會」的會長，他們想提案修改《國軍退除役官兵輔導條例》，比照榮民同等待遇。「姊夫從第二任立委開始，就積極幫八二三老兵爭取，但是退輔會非要跟眷改條例一起併案審理。如此一來，徒增許多困難。」結果，眷改條例早兩年通過，一九九八年底，《退撫條例修正案》才在立法院三讀通過。雖然設有排富條款，但至少八二三老兵得以領取每個月一萬多元的就養金，以及到軍醫院看病、免掛號費的優惠。

在李明哲眼中，姊夫韓國瑜是個夢想家，有許多創新想法。在他九年立委任內，推動了不少法案。他與前省府消防處長趙鋼到日本考察，回來之後就在立法院推動警、消分立，提案訂定《內政部消防署組織條例》，於一九九五年一月十七日在立法院三讀通過，三月一日消防署正式成立，首任署長就是趙鋼。

在韓國瑜的催生之下，立法院在一九九九年六月通過《行政院衛生署中醫藥委員會組織條例》，衛生署正式成立「中醫藥委員會」，即現今衛福部中醫藥司的前身。

李佳芬還記得，韓國瑜在當選立委初期，不僅沒人、沒錢，更不知道到立法院要幹什麼？每天只是帶著個小助理，這裡晃晃、那裡看看。即使他想要靠質詢吸引注意，一大早就去排隊，也往往排不上，能見度不高，根本上不了新聞。

後來，他體會到修法的重要性。「韓國瑜的一個朋友，介紹她姊姊葉太太來向我們陳情。她上一屆曾經向民進黨一位大牌立委求援，始終未獲回應！她的先生葉誌民住在榮總，急需骨髓移植，礙於法律規定，必須要三等親之內。她在走投無路之餘，甚至用生孩子的方式，爲自己丈夫續命。最後比對結果不合，她得再次找別的辦法，與時間賽跑！」

「我們接獲陳情之後，心急如焚，除了先跟葉先生的主治醫師聯絡，還開始研究骨髓移植的相關法律。韓國瑜則積極在報紙〈民意論壇〉投書，希望引起各界注意；私底下，則跨黨派尋求民進黨立委的連署，提案修正《人體器官移植條例》。」

「消息見報之後，果然引起媒體的重視，立法院在輿論壓力下，很快排定院會召開日期。原本，我們打算在同一天召開記者會，沒想到民進黨立委葉菊蘭，卻搶先我們一個小時召開。爲了避免橫生枝節，我們只好先將記者會取消。」

「我當過記者，迫於時間壓力，非使出非常手段不可，否則晚報不報，第二天日報也不會跟進。我問葉太太：『見到記者，妳敢不敢下跪？』果然，經她驚天一跪，法案很快就三讀通過。一九九三年五月二十一日，立法院三讀通過《人體器官移植條例》修正案，廢除骨髓捐贈只限三等親內的限制。」

可惜，葉先生的病情惡化，骨髓都已經脆化，到了無法動刀的地步。在法案通過的一個禮拜後，就離世了。

韓國瑜的立委任期，在二〇〇二年一月三十一日結束。當時李佳芬還在當雲林縣議員。有一天，韓國瑜在電話中告訴她：「我不選了！」李佳芬立刻趕回家，與他深談：「你是跟我討論？還是知會我一聲？」「我已經決定了！」見他心意已決，於是舉家南遷。

一般人以爲，韓國瑜美化了自己名列不分區立委三十三名的窘境。依照二〇〇一年十二月立委選舉結果，國民黨只有十三名不分區立委當選。問題是，韓國瑜早在選舉結果揭曉之前，就不想選了。「我當了十年立委，在最後一任每天花天酒地，不再認眞問政，也不做選民服務，幾乎失去所有動能。」加上，陳水扁又當選總統。「我曾經跟他發生過衝突，見到他都當選總統了，我還有什麼搞頭？於是之後不到幾個月，就決定不選。寧可把我的選票全都轉給洪秀杜。」

韓國瑜的立委生涯走到盡頭，其實有跡可循。一九九〇年，李、郝政爭，韓國瑜憂心國民黨會就此分裂，因此發表了一篇〈誰分裂國民黨，誰就是歷史的罪人〉的聲明，「這下不得了了！踩到了地雷！兩邊都以爲我是對方的人！受到誰的指使？」

他有一次總質詢，要求將憲法凍結。他認爲，憲法的大架構涵蓋中國大陸，不該把那麼大的西裝，套在台灣這個小孩身上。等他下來之後，連郁慕明都問他：「你該不會是台獨？」

韓國瑜在第二任立委期間，將砲口對準李登輝。一九九六年總統直選在即，李登輝爲了營造有利的政治氛圍，數度邀集黨籍立委到總統府進行諮商，韓國瑜也在其中。當著李登輝的面，所有立委勸進，只有韓國瑜一人對他直言不諱：「李總統，我覺得你不要再選了！你是能上而不選，如果你能處理好兩岸爭端，歷史會記上一筆，你的歷史定位將無比崇高！」李佳芬認爲，這一砲下去，韓國瑜最後什麼都沒有。

韓國瑜離開政壇後，李佳芬提醒他：「你這樣一走，一切都會化爲烏有！」他不相信！沒想到，就此冰封長達十六年，直到北農事件風暴再起，才硬是把他從地獄給拖出來。

第二章 與佳芬相遇

有一個女孩叫佳芬

韓國瑜的另一半李佳芬，一九六三年生，小韓國瑜六歲。當韓國瑜在念小學的時候，她在南部出生。兩人一南、一北，最後還是走在一塊兒。

李佳芬在雲林西螺長大，所住的村莊總共有三個里、一千多人，算是個大村。她讀小學的時候，每天早上出門，一路跟鄰居打招呼。從村頭、叫到村尾，從家裡、叫到學校。在如此親和的環境中長大，讓她很早開始就懂得如何跟長輩相處、如何對人包容。對於那些吃檳榔、講話帶點兒三字經的人，她感覺特別親切。

李家和當地村民以務農爲生。李佳芬自幼經常聽爺爺和父親嘴上掛著「田頭家」三個字，意思是「田地的主人」。她這才明瞭，從祖父那輩開始，李家就是佃農，受「三七五減租」和「耕者有其田」之惠，有自己的田可以種。

李佳芬的母親叫程月昭，是西螺當地人，西螺的「程氏家廟」，就是他們家的。

她的父親李日貴，五歲才隨祖父從雲林西北的崙貝鄉遷徙到西螺，算是外地人。他和李佳芬母親的名字裡，有日、有月，兩人日後結爲連理，也算是有緣。

李佳芬的父、母親還有一個共通點，就是兩家人口眾多，食指浩繁。李日貴總共有十一個兄弟姊妹，程月昭差兩個，都是名副其實的大家族。

作爲佃農之家，耕田種地得看天吃飯。每當收成不好，李佳芬的祖父就會拿著房地契，跑到台北的女兒家，找當廠長的女婿借錢。

天災，是農民的天敵。種稻種到最後，若遇上天災，往往心血付諸東流。李佳芬從小開始，就熟悉農民絕望的表情，當他們將稻殼打開，看到裡頭全是空的，心也整個空了。

有一次，他們家花了很長時間所栽種的冬瓜，眼見快要收成，偏偏在收成前的一個禮拜，被冰雹全都打破了。

她叔叔總在天災來臨時，以飛快速度跳上卡車，將村裡老人家一個個接上車去，趕到快要淪陷的農地裡搶救農作物。即使水已淹到一個人高，他們也得拚命搶救。救一個、是一個。

早年所謂「堤防」，根本是土堤防，無法抵擋奔流而至的洪水。有一年，地震摧毀了濁水溪上游的攔河堰，當再下一陣雨，土石流如萬馬奔騰般滾滾而下，直直衝進西瓜田裡，把農民辛苦栽種的西瓜連根拔起。鄰居們心在淌血，連帶她的心也碎了。

一路走來，這些傷心往事歷歷在目。所以她自幼就對農民的處境有深刻體認。種青菜、種香瓜，沒有一個容易的，等養到一個階段就要移植。減一顆或減兩顆，都是學問；就連拔草也是苦差事。他們小時候最怕父親說：「不讀書，就去拔草！」

李佳芬也要下田，從小學一年級到六年級，沒有一天休息。直到小學畢業，父親改而經商，把她送到城裡讀書，她在鄉下種田的日子，才嘎然而止。

李日貴見務農，一家老、小經常有一頓、沒一頓的，長此以往，實在不是辦法。於是他跟幾個兄弟商量，將房地契拿去抵押，全家進行一場豪賭。

李佳芬當時還在讀初中，有一天叔叔把她叫去，跟她說：「如果我們這次贏了，你們以後日子就好過了；萬一賭輸了，李家恐怕就要傾家蕩產了！」

李家拿全部家當去抵押，買了一台卡車，專門幫人載貨或運砂石。李日貴因爲不太會開車，和太太負責到外頭找生意；兩個弟弟則負責輪流開車，一天二十四小時，不停在跑，十分辛苦。「我長大後，才知道我嬸嬸很偉大。叔叔沒日沒夜地在外頭跑，嬸嬸就一個人在家，獨守空閨。最小的叔叔有一天太累，不幸意外翻車。日積月累下來，肝也搞壞了，很早就過世了。」

李日貴和程月昭總共生了四女一男，李佳芬是家中長女，下面有三個妹妹和一個弟弟。

她的大妹因車禍過世，幾十年過去，李日貴夫婦仍然十分傷痛。每逢女兒忌日，必到靈堂捻香。

因爲身爲長女的關係，李日貴對李佳芬期待很高。在她自安定國小畢業後，就把她送到斗六，念私立天主教正心中學。「對我這個鄉下小孩來說，斗六、斗南和虎尾如同大都市，就像劉姥姥逛大觀園，簡直眼界大開；但是與別的同學相比，我不僅傻呼呼，還顯得土氣。所以中學過得並不快樂！」

「有一天，老師問了我一個問題，我答錯了，她像看怪物一樣看我，令我感覺受傷。她問：『過馬路時，要先看右邊、還是左邊？還是兩邊都看？』我哪兒知道？我們西螺從來沒有紅綠燈，直到我念高中時，才出現第一支。我們的生存法則是，哪裡有車、就看哪裡！如果依照規定，先看左邊、再看右邊，不被車子撞到才怪！我鼓起勇氣，舉手問老師：『過馬路時，爲什麼要先看左邊、再看右邊？』老師覺得不可思議，眼珠子都快掉下來！」

長大後，李佳芬回想起這一段，認爲這就是「城鄉差距」，老師應該要多站在學生的立場思考。這就是爲什麼她後來決定自己辦學，投身教育的原因。

李佳芬這一生，受父親影響很大。「我爸爸以前下田回來，第一件事，就是把腳洗乾淨，坐在客廳看報紙。我問他在看什麼？他告訴我：在看『報紙』。他看的是中央日報。我問：『上面那些東西，哪裡來的？』他回答：『記者寫的！』」

李日貴民國二十五年出生，歷經過日據時代，只讀到小學三年級，但是他什麼新聞都看，政治、社會、甚或國際新聞，都十分關心。從那時候開始，李佳芬就常問爸爸：「什麼叫政府？」他會滔滔不絕，跟她解釋一番。雖然聽父親解釋，李佳芬一知半解，但對她日後產生深遠的影響。從此李佳芬對記者生涯即高度嚮往；對記者先生、小姐，也多一分崇拜，認爲他們怎麼會懂這麼多？

李佳芬初中畢業，本來要考五專，但因爲家裡經商的關係，事業正在起步，所以李日貴堅持要她去考高商，等日後成爲他的幫手。

李佳芬雖然遵從父命，考上了嘉義高商，但心情變得很差；加上初中也過得不愉快，於是開始叛逆，不僅整整一年不開口講話，還堅持不跟父親在同一個屋簷下生活。「每當他一走進客廳，我就走開！」李日貴對她十分頭痛，直到她年紀稍長，才開始跟父親互動。

「嘉義高商畢業，我要求父親讓我去補習，父親不准，我開始鬧家庭革命。」

「我跟爺爺感情很好，幾個兄弟姊妹之中，他特別溺愛我。我上幼稚園的時候，他每天帶我去上學。他一走，我就嚎啕大哭，堅持跟他回家。搞到最後沒辦法，他只好留在教室裡陪我一起上課。」

最後，李佳芬北上補習的事，由爺爺出面解決。由他出錢，等她到了台北，則住在姑媽家。當時，李家的經濟狀況還很拮据，所以她不敢向家裡多要錢。她的大妹與她感情最好，在讀台南實踐家專，爲了她，寧願放棄午休時間，在學校當清潔工，一領到薪水就寄去給她，當姊姊的零用金。

李佳芬很清楚自己的性向，學商對她來說，實在不合適。因爲她每次帳都抓錯；有關借、貸兩方的「平衡」問題，她也搞不清楚，老是差一塊、兩塊，必須自掏腰包塡補。她對父親說：「現在我還在學習階段，差一塊錢、兩塊錢沒關係；等我以後幫你作帳，或是到銀行上班，萬一動輒差個一、兩百萬元，那怎麼辦？你可要賠死了！」

她後來考上世新，當時李日貴很有遠見，趁女兒暑假返鄉時，要她到西螺復興廣播電台實習。「我已經跟台長講好了！」

李佳芬第一天到電台上班穿牛仔褲，李日貴見她劈頭就罵，要她以後規規矩矩穿衣服。「第二天回來，他又說要幫我請個漢學老師，用《康熙字典》教我台語發音。原來，他偷偷聽我播報菜價，發現我台語怎麼講得那麼差！他聽得頭都快要炸了！」之後，每天早上老師都會到她家教她說台語。日後，李佳芬不僅可以直接拿起報紙，用台語播報；在韓國瑜參選高雄市長的選前之夜，她之所以可以用道地的台語，發表一篇令人動容的演說，實在要拜她爸爸之賜。

看來，李佳芬北上的選擇是對的。她到了台北，與韓國瑜的距離就越來越近了。

一家三代都嫁外省人

很多人不解，李佳芬怎麼會嫁個外省人？事實上，李家三代女人都有「婚姻密碼」，當密碼一解開，謎底就自然揭曉。

李佳芬的姑奶奶（祖父的妹妹）嫁給上海人。她的丈夫原本在大陸有太太，到了台灣之後，單身許久，之後才又再娶。

「姑奶奶原本結過婚，聽家中長輩說，她因爲與前夫沒有生兒育女，加上後來得了腎臟炎，所以被夫家送回娘家。回來後沒多久，她又北上討工作，在工廠當裁縫師，姑爺剛好是工廠廠長，兩人因此結識，當嫁給姑爺時，姑奶奶年紀已經很大了。」

「我第一次見到姑爺，嚇了一大跳，怎麼家裡會冒出這樣一個外省人？他對我姑奶奶和我家人很好，每次到我們南部鄉下作客，都表現得很自在，一點兒都不像外人。」

好巧不巧，李佳芬的姑媽（爸爸的妹妹）也嫁給揚州人，還搶在姑奶奶前頭，算是李家眞正的「革命先賢」。

「姑媽身體不好，氣喘病時常發作，我姑爹是她老闆，每次發病都是由他帶去看。看著、看著，兩人就看出感情來，很快就論及婚嫁。」

李佳芬的爺爺知道女兒要嫁給外省人，勃然大怒，極力阻止。他認爲，他們連外省人說的話都聽不懂，更何況是溝通？

「我姑爹一聽我爺爺反對，立刻登門遊說。他說的一句話，打動了我爺爺：『我保證，如果你把女兒嫁給我，萬一將來我只剩一碗飯吃，絕對先給她吃！』聽到他這麼說，爺爺心中的大石頭落地，立刻軟化，答應把女兒嫁給他。」

事後證明，李家兩位勇敢的女性所做的抉擇，再正確不過了。婚後不僅幸福美滿，丈夫還盡可能地照顧她們的家人。「尤其我姑爹廚藝精湛，每次來我們家都關在廚房裡做菜。我們常吃到他做的獅子頭，眞是好吃！」

李佳芬姑爺和姑爹十足「好男人」的形象，深深烙在她的心中。她很早就跟母親說：「以後，我也要嫁外省人！外省人比較體貼！」

等她眞正成爲韓太太以後，經常被問：「妳爲什麼沒有鬧家庭革命？」她總是說：「不用啊！因爲我上一代已經革命成功，到了我這一代，就免了！」

李佳芬對外省男人的印象，一半對、一半錯。韓國瑜的確對她和娘家很好，問題是，她很少看到他下廚，心裡覺得怪怪的。

有一天，韓國瑜的姊姊爲她解開謎團。「妳上當了！因爲妳姑爺和姑爹都是南方人，而我們家是北方人。別說韓國瑜了！妳何曾看過我老爸下廚？」她這才恍然大悟！

李佳芬北上補習，考上心目中理想的科系——世新大學廣播系。她和韓國瑜的姻緣，也從這裡開始牽引。

李佳芬大學快畢業前，在學校的實習電台工作，有一天，她在報上看到一篇專欄，談〈專業里長制〉，是台北市議員馮定國寫的。她決定以此做為題材，前往市議會訪問他。

她在馮定國辦公室左等、右等，等了三個小時，都不見他回來。原來，馮定國當時在談戀愛，正與女友約會。李佳芬很不高興，跟馮定國的助理抱怨。出面打圓場的，就是韓國瑜。

當時，他在政大東亞所念書，在馮定國等議員辦公室兼職當助理。「你們老闆怎麼這麼沒禮貌，跟我約好採訪，卻遲遲不見人影。」「沒關係呀，妳就採訪我！」韓國瑜極力安撫她。「你誰呀！要我訪問你？」

韓國瑜繼續陪李佳芬等，怕她生氣，乾脆不打自招，承認那篇文章是他代馮定國捉刀。「所以妳眞的可以訪問我，我很清楚！」

三個多小時過去，馮定國終於回來。她迅速完成採訪，就急急忙忙趕回學校，剪帶子去了。

第一次見面，李佳芬對韓國瑜印象深刻，尤其他半詆毀、半讚美地說了一句：

「妳雖然長得不漂亮，卻很有智慧！」這讓李佳芬覺得，這個男人很有眼光！但是當時，她對韓國瑜卻不來電。

那天採訪回去，李佳芬不斷接到韓國瑜的電話，一下子要她把播出的帶子拷貝一份，他專程過來拿；之後則約她見面、吃飯。每通電話結束前，又約下一次。再不然，就打電話問她：「妳現在在哪裡？我馬上趕過去！」追她追得很勤。

起初，她拿父親當擋箭牌，父親三令五申，不准她跟別人吃飯，尤其不能讓男生請客，因爲對方可能有所圖，再三拒絕他的邀約。

後來，她不知爲什麼，迷迷糊糊開始與他約會、吃飯。仔細分析，或許因爲韓國瑜的幽默風趣、講話逗趣，以及高度的理想性、純眞的個性，深深吸引她。她才會一步步掉進愛河裡。

她和韓國瑜交往了一陣子，因爲有兩個原因始終無法克服，因此一度將心門關上。一是，在意他的禿頭。韓國瑜的頭髮遺傳自母系。他跟李佳芬交往時，雖然只有三十出頭，卻禿得快差不多了。這一點，令她有些猶豫。

這不是困擾她最關鍵的因素。主要是，韓國瑜與她交往之初，毫不掩飾未來想要參選的企圖。她一聽，就打了退堂鼓。

李佳芬的父親過去常問她，爲什麼始終不交男朋友？主動要幫她介紹。「看妳喜歡哪一種類型，爸爸幫妳找，或許可以從政壇挑一個。」李佳芬明白地跟父親說，她有「三不要」，一不要禿頭、二不要從政者，三不要雙子座。沒想到，後來她的「三不要」原則，卻變成「三都要」。

李佳芬越是逃避，韓國瑜就追得更緊。每次約會，總是逗得她笑個不停。他使出獨門絕招，對她唱起軍歌。她明白，韓國瑜年輕時交過不少女朋友，也對她們唱過〈夜襲〉；但她可以確定的是，她是韓國瑜唱軍歌時唯一沒有跑掉的女孩。

兩人交往一年後先訂婚，第二年韓國瑜三十三歲、李佳芬二十七歲，攜手步入結婚禮堂。

李佳芬在決定嫁給韓國瑜之前，曾經要他保證日後絕不從政。當初兩人的對話是：「你先答應我，絕對不會從政，我才願意嫁給你！」韓國瑜打哈哈：「妳先答應嫁給我，我再考慮要不要從政？」或許當初被戀愛沖昏了頭，李佳芬並沒把話說清楚。所以，當韓國瑜在他們新婚後沒多久，就表態參選，令他們的婚姻一度陷入危機。

起初，李佳芬是聽馮定國透露韓國瑜打算從政。她瞪了馮定國一眼，認爲從政的人都是傻瓜，瘋子才會從政，「神經病！」

後來則是每次跟朋友聚會時，韓國瑜都在談政治，而且聊得很開心。李佳芬坐在一旁，氣到不講話。

終於有一天，兩人攤牌。

李佳芬反對的理由很簡單，事實擺在眼前。

韓國瑜是軍人子弟，家裡很窮。他們婚後還在外面租房子，哪有足夠財力拚選舉？「我要是你的朋友，一定會大力支持你，甚至捐錢給你；但是現在，我是你老婆，我很害怕！」她出身政治世家，知道一人參選、全家受累。再怎麼說，都不點頭。

韓國瑜的個性是，如果認定該做的事，一旦決定要做，就會義無反顧去做，任誰都拉不住。

知道他心意已決，李佳芬跟他打了幾個月冷戰，不僅不跟他說話，還數度想要離家出走。

她跑回娘家哭訴，母親比她更爲堅決，開口第一句話就是：「離婚！」讓李佳芬一路哭回台北。

後來韓國瑜跟她促膝長談，要求她答應幾件事，她聽了於心不忍，終於豎起白旗。第一，韓國瑜懇求她，就讓他試一次，一次就好！否則他此生有憾。再者，他答應絕不會散盡家財拚選舉。「我募多少款、就花多少！」

李佳芬之所以願意妥協，主要是判斷他選不上，所以就答應了。她認爲，等韓國瑜吃了敗仗，就會回家，乖乖到學校教書。

李佳芬嫁給韓國瑜後十年，肚皮始終沒有起色。韓國瑜自我解嘲說，因爲他十年來，發的都是空包彈。

李佳芬的弟弟李明哲覺得這對夫妻十分有趣，不到選舉，就不生孩子！姊夫選立委的時候，李佳芬懷著韓冰，挺了個大肚子，幫他助選。等她自己參選議員，肚子裡又懷了小兒子韓天。

韓國瑜雖然不是家庭煮夫，只會下水餃，但是偶爾會幫李佳芬帶小孩。只是他笨手笨腳，經常搞砸。有一年冬天，天氣很冷，李佳芬累了、睡了。半夜韓天要喝奶，韓國瑜要她繼續睡，「我來、我來！」

「我躺在床上，越想越不對。怎麼平常我餵奶，得花一個半小時，輪到他卻十分鐘搞定。我下床查看，一摸，哎呀！不得了了！我兒子全身都是濕的，我一把將他抱起，送進浴室，把他衣服脫下、全身洗乾淨。這麼一折騰，等我再回到床上，已經累得半死。」

從二十七歲嫁給韓國瑜，到他參選高雄市長，李佳芬總共陪伴丈夫度過二十八個寒暑，攜手跨越許多的障礙。身爲一位妻子，她成就了另一半，自己卻做了某些犧牲。

李佳芬自世新大學畢業後，進入人人稱羨的大報——中國時報，主跑教育和勞工新聞。當時勞權運動蓬勃。

時至今日，她對於「勞動三法」的修訂，都能侃侃而談。

韓國瑜當選台北縣議員後，她顧慮媒體人的角色分際，率爾把工作辭了，從此加入失業一族的行列。

一九九八年三月，她當選議員，一直到二〇一〇年二月卸任，總計當了十二年議員，期間，大約有四年時間，她與韓國瑜分隔兩地，少了溝通，夫妻感情變得淡薄。要不是有一天，韓國瑜告訴她：「我想退了！」他們立刻舉家南遷，否則他們也不會成爲現在的生命共同體。

韓國瑜的一生，截至目前爲止，總共歷經縣議員、立委、國民黨主席，以及高雄市長四場選舉，每當聽到韓國瑜又要選舉，李佳芬絕對第一個跳出來反對。只是在韓國瑜決定參選高雄市長這一次，出面遊說她的，不再是丈夫，而是大女兒韓冰。她要母親再給父親一個機會、讓他再任性一次，否則她怕爸爸終生遺憾。

不知不覺中，繼李佳芬、姑奶奶、姑媽之後，又一個女人跳出來。韓冰身上似乎也有神奇密碼，至於謎底爲何，且待下回分解。

他的岳父李日貴

李佳芬一家三代，爺爺、爸爸、弟弟，加上她和韓國瑜兩人，總共五個人從政，算是十足的政治家族。

韓國瑜在競選高雄市長期間，選用改編的〈西螺七崁〉作爲主題歌曲，其實是有典故的。

李佳芬的祖父是習武之人，屬於西螺七崁武術中「勤學堂」的一支，打太祖拳。他的一位中醫師好友住在隔壁，是鎮民代表，不想做了，要他接棒。

李佳芬的爺爺不識字，不知道鎮民代表要做什麼？迷迷糊糊答應、糊裡糊塗當選。「阿公，你又不識字，以後怎麼當鎮民代表？」爺爺回答：「我不識字，就坐在那裡聽，注意聽人家的『話義』，等了解來龍去脈後，就上台質詢！」

自從祖父當上鎮民代表，每天早上李佳芬起床、刷牙時，就聽到鄰居聚集在她家客廳，凡是村里大、小事——兄弟糾紛、父子不和，都要她阿公出面調解。她當時以爲，鎮民代表只要處理鄰里間的事，並不覺得有什麼了不起。

李佳芬的祖父臨退休前，李日貴已棄農從商，對參選表露出興趣。他順利繼承衣缽，當了兩屆鎮民代表，在第二任尚未屆滿前，改選雲林縣議員。

「我父親當了三屆、十二年議員，沒日沒夜地做選民服務，往往一個電話，就親赴現場。他的腦袋裡記了好幾百個人的電話；雲林大街小巷，也摸得一清二楚。」

他最後一次連任被人看衰，說上次選舉票數已經很低，再次參選鐵定選不上。

李佳芬的母親程月昭，平常是傳統的家庭主婦，沉默寡言，遇到丈夫遭到羞辱，在關鍵時刻挺身而出：「誰說他不能選了！我先生一定要選！」她私下跟女兒說：「妳爸爸個性那麼好強，如果沒有風風光光下台，怕他受不了！」

李日貴再次尋求連任，高票當選。選完之後，身體也垮了。「我父親從小身體就不好，年輕時務農、經商，後來從政，長期勞累，積勞成疾。他氣喘一發，氣管痙攣，氣上不來，必須立刻送急診。我把他帶來台北，住進台大醫院，就怕他一出院，氣又上不來。」

當時，韓國瑜已經在當立委，夫妻起初不懂什麼叫氣喘？會怎麼樣？研究之後才知道，原來李日貴得的是「肺氣腫」。

由於健康因素，李日貴在六十歲那年，提前宣布退出政壇，雲林地方版登得好大，震驚各界。

他一退休，所有樁腳都聚集在他家，掉著眼淚問：「難道就這樣嗎？沒人可以出來了嗎？」李日貴心裡難過，於是找女婿商量，看下一步該怎麼走？

當時李佳芬的弟弟剛退伍，年紀很輕，對從政沒有興趣，個性也不太適合，並不想選。私底下，李日貴問韓國瑜是否同意讓李佳芬來選？沒想到，韓國瑜一口答應。等回家後，才跟李佳芬說。

他一連好幾天，跟太太剖析爲什麼支持她參選：「其實妳參選，算是在幫我！可以讓我多了解南部的政情。」韓國瑜完全站在岳父的立場思考，令李家人十分感動。

李佳芬後來也軟化，他看爸爸可憐，那些看她長大的長輩們，與父親又是幾十年的戰友，如果沒有人出來，她於心不忍。

她唯一擔心的是，從此將與丈夫分隔兩地，兩人一南、一北，不知道能撐多久？再者，大女兒韓冰當時只有兩歲，誰來照顧？

李佳芬知道自己沒有退路，只好縱身一跳，在兩個大男人推波助瀾下，上了戰場。

她第一次參選，靠父親和丈夫全面輔選，選得很輕鬆。後來，一連當了三屆議員。

剛當上議員，韓國瑜傳授經驗給她：預算很重要！他找了一個其他縣市的主計人員幫李佳芬上課，告訴她預算案跟她先前所學的商業會計，有什麼不同。這時候，李佳芬才發現，先前父親強迫她去學商，終於派上用場。

「我下了很大的功夫，很快就學會。以後在議會，凡是預算和決算的審查，變成我的強項。我可以從預算和決算書，比對施政報告，算出雲林縣政府的執行力。我發現，絕大多數地方政府的財務都虛列，內行人不刪歲出、刪歲入，因為刪掉歲入之後，前面的歲出直接可以拿掉。有的地方政府作假帳，帳面上編列了一些賣地費用，而且每年都編列，一塊地等於賣了好幾次，其實從頭至尾根本沒有賣出！」

李佳芬在任議員期間，弟弟李明哲完全包辦她的選民服務。李日貴希望用循序漸進的方式，慢慢讓唯一的兒子接下他的政治香火。

後來，李明哲果然不再排斥參選。他先選水利會會務委員，之後不忍姊姊學校、議會兩頭跑，身體快要累垮，在她最後一任時主動站出來，表示願意接棒。

二〇〇九年，李明哲首度參選雲林縣議員，以六千三百多票、第三名當選。二〇一八年，他三度參選議員，剛好姊夫也在高雄打選戰，即使在最後關頭，韓國瑜已經很難抽身，最後還是趕赴雲林幫自己的妻舅助選。

李日貴在韓國瑜面前地位崇高，說話一言九鼎。韓國瑜對他，可以用「孝順」兩個字來形容。從他娶李佳芬、到他參選高雄市長，他們翁婿總共相處了二十八年；尤其，韓國瑜的父親過世之後，後續大半時間，李日貴形同韓國瑜的「第二個父親」。

當初李佳芬要嫁給韓國瑜時，李日貴大力支持。他說，只要看韓國瑜的父母親那麼有修養，對子女的教育是——只有大我，沒有小我。「事情不會壞到哪裡去！」

韓國瑜立委任內，因爲審查《國軍老舊眷村改建條例》，跟二十幾位民進黨立委打群架，一半原因是爲了父親，另一半則因爲，李日貴是八二三砲戰的台籍老兵，立法院硬要將八二三老兵爭取的《國軍退除役官兵輔導條例》，跟「眷改條例」一起併案審理。爲了兩位老人家，他只好拚命。

在他眼中，李日貴這樣一位雲林西螺鄉下的年輕小夥子，操著不流利的國語，被徵召前往金門服役，歷經四十八萬發砲彈擊發的險境，能夠歷劫歸來，實屬幸運。

相對地，李日貴也把韓國瑜當成第二個兒子對待。女婿的事，就是他的事。

韓國瑜第一次參選立委，李日貴扮演關鍵角色，除了動員「雲林同鄉會」所有人脈幫他助選；當韓國瑜深陷「外省人打本省人」的風暴中，也多虧他出來解圍。「韓國瑜因爲打尤清，參選人都拿意識形態來作文章，說外省人打本省人，王淑慧率領一群支持者，擺出陣頭，敲鑼打鼓，對國瑜下戰帖，要求他辯論爲何打尤清，欺負台灣人？」當時警察很緊張，一字排開，「我要他們讓開，我來就好！」並且跟王淑慧和她的支持者叫陣：「妳如果想要辯論，以後等你們都當選立委以後，再到立法院辯，在這裡沒有必要。妳的戰帖，我們當喜帖收下。我告訴你們，我是雲林縣議員李日貴。」當群眾一聽他來自雲林，一群人全作鳥獸散。有一輛車已經開走，又掉頭回來，跟他報告，「我是某某的兒子，住在雲林二崙的大庄村！」李日貴用家鄉土話回他：「你想要被人幹，隨人，別在這裡亂！」對方馬上掉頭走人。

韓國瑜答應張榮味接任北農總經理，一般人以爲靠的是李日貴「張派」的關係。他的妻舅、現任雲林縣議員李明哲認爲，他父親在當議員的時候，張榮味剛好是縣長，雲林就這麼大點地方，兩人自然有交情。

但是，張榮味看中的是韓國瑜的能力。「張縣長任內，雲林高鐵特定區始終無法定案，當時行政院長是蕭萬長，張榮味找了六個雲林縣立委出面去跟蕭萬長說，還是推不動。後來，他找上韓國瑜，在行政院長辦公室花十幾、二十分鐘就解決了。所以高鐵特定區開工的時候，張榮味特別邀韓國瑜去。」

李日貴說，他在政壇，只有人欠他，哪有他欠人的道理？對於媒體的分析，他很不以爲然。據他了解，因爲前北農總經理、前雲林縣副縣長張清良，身體出了狀況，所以張榮味才想要另覓人選。他原本找前雲林縣水林鄉鄉長、前親民黨立委陳劍松接任，但被拒絕；才把腦筋動到韓國瑜身上。

李日貴擔心，韓國瑜是外省子弟，沒有下過田、種過菜，加上又不太會說台語，日後到北農上班會遇到困難，所以，在他到任前親自領著他，到西螺果菜市場認菜。不巧的是，當天因爲是禮拜天的關係，市場休市。

就這樣，韓國瑜乘載著岳父滿心的憂心，並且在一無所知下，走馬上任。

與家人的幸福時光

眷村子弟，刻苦耐勞

東西橫貫公路

奮戰到底

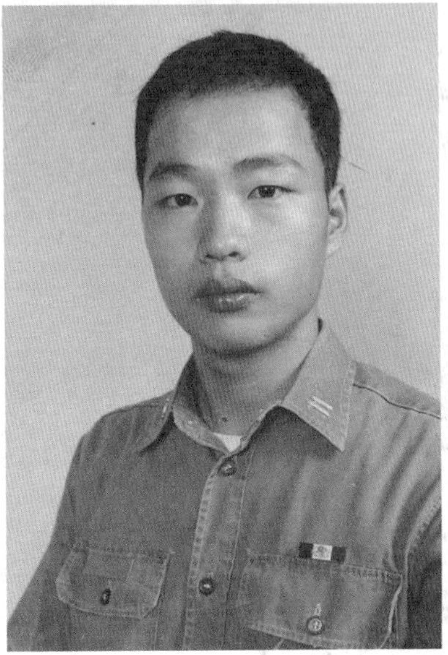

寶貝家庭，相互扶持

第三章

夜襲，跟著月亮走

十六年磨一劍

韓國瑜當年決定棄選時，李佳芬告訴他：「你要有心理準備，你會什麼都沒有。」他根本不知道，什麼叫「什麼都沒有」，更不相信實際狀況比想像中嚴重。他完全低估了「什麼都沒有」的後座力。

「什麼都沒有」，是要經過比較的。以前他當立委，每天從早忙到晚，委員會、院會、選民服務，外加應酬，行程排得滿滿的。應酬時，朋友敬他一杯，他回敬人家十杯。「我有段時間，常常跟他吵架，都是因爲他喝酒！」李佳芬無奈地說。

韓國瑜的朋友，是一圈、一圈逃跑的。

他在雲林賦閒的頭一個月，幾乎沒幾個人打電話給他。以前那些對他畢恭畢敬的官員也就罷了、跟他在一起應酬的酒肉朋友也就算了；令他打擊最大的是，怎麼連他一塊兒長大的玩伴、在一起無憂無慮的大學同學、跟他換帖的兄弟、推心置腹的好友，陸續在幾年間離他遠去。

離開他還不打緊，問題是，他們還在背後對他冷嘲熱諷，恥笑他再也爬不起來。他對朋友一向熱情，如今一棒子被打入冷宮，如同跌入十八層地獄。

韓國瑜是一個內心痛苦不會向外表達的人。整整十六年，對他來說是個折磨。有時候，他情緒起伏大，變得敏感，夫妻之間很容易起勃谿。為了不讓小孩受到影響，他和李佳芬吵架都偷偷吵。

「我跟他成長環境不同，因為我父親從政的關係，從小政、商界人士在我家來來去去，我比較早熟。我見識過『門前冷落車馬稀』的景象。當你飛黃騰達的時候，朋友自然很多；等到你失意落魄時，再好的朋友，都會跑光光！」

「我問過父親，你從政的時候，身旁圍了一大堆朋友，其中不乏對你有所圖的人，你怎麼看？我父親認為，所有靠近你的人，不是為名、就是為利；如果朋友既不為名、又不為利，就是你一輩子真正的朋友！」

韓國瑜不是沒有像李佳芬這樣的體會，他引司馬遷《史記》〈汲鄭列傳〉中汲黯和鄭莊的故事自況。他們是漢武帝身邊的兩位重臣，得勢時門庭若市，失勢後門可羅雀，正所謂「一貴一賤，交情乃見」。

韓國瑜在立委後期，開始籌辦中醫大學，李國鼎當時答應他當學校的榮譽董事長。沒想到，他運氣眞的背。二〇〇〇年政黨輪替，陳水扁當選總統，他二話不說，直接放棄。

他和李佳芬對辦學懷有憧憬，光是和幾個朋友七嘴八舌，都顯得興致勃勃。「維多利亞雙語學校」在二〇〇四年八月十八日開辦，韓國瑜掛名創辦人；等到學校實際運作時，他卻完全插不上手。

他在貿易公司有掛名，但不用上班。

他玩股票，做一些小投資。「沒想到，人到衰的時候，連買科技股，都會跌得一屁股！」那場致人於死的車禍意外，也是在這時候發生的，他甚至懷疑老天是否在懲罰他？

韓國瑜當時的狀況，簡單來說，就是失業。每天吃了睡、睡了吃。從四十四歲卸下立委職務，到五十五歲到北農上班，他的全民健保一直掛在老婆名下，身分是「眷屬」。

當他意識到自己真的什麼都沒有的時候，他只有自我放逐。「每天天一亮、吃完早餐，我就一個人開著車，到住家後頭的古坑華山，讀讀心經、歷史、古書，看看武俠小說。就這樣，日子一天過一天，努力讓心情沉靜下來。」

「我相信，每個人在低潮的時候，都會有一番體悟。孫大千連任立委失敗，或是邱義仁當八年農夫，一定跟我一樣，只是每個人的悟性不同罷了！」

韓國瑜的妻舅李明哲說，姊夫是個熱情、有高度理想性，並且刻苦耐勞的人。他很喜歡跟人家聊天，從不提當年勇，一開口總是滔滔不絕，講著未來的夢想。當所有的熱情和理想，一次、又一次被澆熄，他一點兒辦法都沒有。

「在受到巨大的痛苦與折磨之後，他似乎悟出一些道理。有一天他告訴我：那些不過是一種『深沉的意境』，他正慢慢品嘗。」

韓國瑜失業的時候，李佳芬還在當議員，學校正在草創階段，每天都很忙，孩子全由他在照顧。「每天他下午四、五點去接小孩，如果我回到家，看到他們還沒回來，就會開始找人。他們往往串通好，當我問：『剛剛去哪裡了？』他們會互相眨眼睛、打pass，老么年紀比較小，往往忍不住：『爸爸帶我們去吃冰！』我聽了就會把他們臭罵一頓。」

在李明哲的印象中，韓國瑜即使身處逆境，臉上仍隨時掛著笑容。或許跟小孩子相處久了，他的口頭禪變成：「小孩乖！」「他對我們每個人都很好，常常帶著我們一起烤肉。」

雖然賦閒在家，但韓國瑜還是不忘情時政。二〇〇九年發生八八風災，小林村遭到滅村，政府救災慢半拍，他在家裡看電視，急得要命，於是透過吳敦義幕僚轉達給他父親：「救災沒別的，只有六個字——救災視同作戰。」請他務必傳達。後來吳敦義接任行政院長，果然將台灣分爲北、中、南、東四區。只要災難一發生，軍隊就可以依照這四個區塊動員救災。

他曾經在中和市擔任過短暫的副市長。緣於前台北縣議員好友邱垂益，參選市長時遇到一些麻煩，商請韓國瑜去幫忙。他一個人搭著阿羅哈客運北上，幫他打選戰。等邱垂益走馬上任後，他力邀韓國瑜繼續輔佐他，直到他駕輕就熟，再放他走。韓國瑜志不在此，加上當時他還在北大念書，必須常常請假，因此只做了一年八個月，就回到雲林鄉下。

直到有一天，韓國瑜接到全國農會總幹事張永成的電話，邀請他出任北農總經理，他選擇北農做爲他沉潛的下一站。

北農蒙難記

北農前總經理張清良，因爲健康因素請辭，留下一半任期和總經理遺缺。全國農會總幹事張永成（張榮味妹婿），想找一個既了解雲林產地、又曾經在台北政壇待過的人，於是將腦筋動到韓國瑜身上，認爲他是頗爲適合的人。

當時韓國瑜正在爬山，接到張永成的電話，一口就答應接下這個職務。

當李佳芬聽到韓國瑜要到北農上班，頗爲訝異，帶著質疑的口氣問他：「你又不懂農業，接什麼北農總經理？」

但韓國瑜已經做了決定，李佳芬只好在他束裝北上之前，叮囑他多照顧農民：「我們家是種田的，我從小就知道，北農專吃我們農民。好不容易辛苦栽種的菜，運到台北去，拍賣員槌子一敲，農民往往血本無歸，就連箱子的錢，都要我們自掏腰包付。」

韓國瑜這輩子做夢都沒想到，自己會當上北農的總經理，與農業搭上關係。

他到北農的第一天，蹲在三、四個菜攤前問：「這是什麼菜？那是什麼菜？」當時同仁尚未接納他，直接給他硬釘子碰：「你身上穿著那件衣服（北農夾克），怎麼會不知道這是什麼菜？」

他爬上二樓，看到一個嚼檳榔的歐巴桑，槌子一敲，菠菜價格竟然一下子從八塊錢變成四塊錢，令他感到不可思議！

他什麼都不懂、對環境也陌生。尤其他這個人很好面子，不僅怕丟自己的臉，還怕丟張永成的臉，更怕在議會考試，分不出哪顆是蔥、哪顆是蒜，會被笑死。

他吃了秤砣、鐵了心，從上班第一天開始，請同仁將每一季、每一種蔬菜，擺在他的辦公室，他每天就一樣一樣跪在地上認；遇到不懂的地方，立刻向人請教。就這樣認了好長一段時間，直到全部摸熟爲止。

幕僚看他那麼拚命，笑著問他：「你失業那麼久了，怎麼一到北農就那麼拚命？」韓國瑜還是那句話：「我怕丟臉啊！」

韓國瑜認爲，全東南亞最大的果菜市場何其複雜，裡面五湖四海、黑白兩道、七俠五義都有，他要不拿出一點辦法，怎麼鎮得住人？做得好事？

他把上任後發生的大小事，回雲林與岳父分享。「有同仁從監視器發現一名男性拍賣員，從疊在一起的箱子裡抽出一把五百公克的菜，立刻向我檢舉，我隨即展開調查。我把拍賣員找來問：『你手上那把白色香菇，從哪裡來的？』頓時之間，他神色慌張、支支吾吾，我懷疑他偷菜！等調查確定之後，我先把他送到人評會，依程序將他開除。」

第二天，韓國瑜還在北農貼出紅條子，三令五申：如果以後再發生類似的偷竊行爲，一律開除！

李日貴勸他手段不要那麼激烈，爲人留點兒餘地；韓國瑜卻十分堅持：「那些菜都是農民的心血，怎麼可以順手牽羊？況且這種事，恐怕不是第一次發生。」爲了杜絕後患，他必須殺雞儆猴。

韓國瑜到職不到一個月，就已能熟記北農一、兩百位大小主管的名字；還要求拍賣員必須輪流到雲林、嘉義等產地，和農民生活在一起，並且實際下田耕作個兩、三天，以了解農民辛苦，這樣敲起槌來，不至於隨隨便便。

他還經常在深夜到第一、第二果菜市場，了解交易現況。有一天晚上十一點多，他到萬華第一果菜市場巡視，竟看到門口警衛在滑手機、玩遊戲，即使站在他身後許久，他依然沒有察覺。

每天晚上十一到十二點，是市場最忙碌的時候。貨下午進來、理貨員十一到十二點到班、拍賣員三點鐘就位，一直工作到隔天早上。警衛這時候應該指揮交通、注意安全，怎麼可能還有時間滑手機。他二話不說，就把這名警衛開除了。

韓國瑜治理北農，採「恩威並重」方式，像回到軍中，先嚴以律己。

他既不交際、也不應酬、更不作秀，謝絕所有媒體採訪，發言權全權交給主秘兼發言人路全利。即使有媒體要幫他寫封面故事，他也不爲所動。

他在附近租了個小房子，每天兩點一線，以北農爲家。

北農總共有六百名員工，其中竟有三、四百人得上大夜班，早上八點下班以後，又常聚在一起喝酒、賭博，長此以往，許多人都死於肝病。他把氣功大師李鳳山請來，鼓勵員工多練氣功。

他也鼓勵同仁到學校進修。拍賣員只要去讀大學或研究所，他提供一半的學費；如果不願意，則可在禮拜一到禮拜四跟老師學英文。兩樣都不想參加，只要每讀一本書，寫下心得報告，就可以領取一千元獎金。「菜香、果香，加書香，我把北農文化完全翻轉。」

韓國瑜以獎金賺取績效。在他二〇一二年一月到任的前十年，北農長期處於虧損狀態。根據在北農服務長達四十年的北農顧問楊顯文記載，二〇一一年的蔬菜、水果總交易量爲六十九．六萬噸，交易金額爲一百七十一億元。雖然韓國瑜到任之後，交易量沒有大幅變動，但總金額卻不斷竄升，等到他離開的時候，已經超過二百二十億元，每天進出金額超過七千萬元，較四年前成長了二十八．六％。

時序再推回二〇〇七年的北農，一年赤字高達一億元。北農的資本額不過兩億元，等於一年虧掉半個資本。北農因此裁員、減薪，以後員工再也領不到年終獎金。

北農不是完全沒有發獎金，前任總經理張清良只發中秋獎金，每位員工一萬元；韓國瑜到任之後，不僅繼續發中秋節獎金，還要求加發端午節獎金，數額一下子從一萬元跳到五萬元。

消息發布後震撼全公司。其中一位董事、台北農會理事長莊龍灣，持反對意見。韓國瑜告訴他：「總經理實際負責經營，我的想法就是這樣，員工只要達成營運目標，我就發高額獎金。」之後北農的營運績效果然大幅提升，原本有意見的董事們，也不再說什麼。

「頭一年，我幫公司賺了一億元，等到我離開，已經幫公司賺了四億元。四十年來，股東從沒有分紅過，在我任內增加了五十％。每位員工薪水加上獎金，一年有二十個月。這是他們幫公司賺錢後應有的報償。如果我把所有業績都攬在我身上，那算什麼？」

總計韓國瑜任內，從第一年到第四年，陸續發了四千二百萬、五千多萬、六千萬、八千四百萬元獎金，只要公司有賺錢，他就發給員工獎金，而且每一次都經過董事會通過，報請股東大會備查。

韓國瑜總經理幹得好好的，未料在二〇一六年九月，卻傳出他請辭的消息。當時的他，被放在北農人事角力的砧板上，有人正準備拿他祭旗。

二〇一六年八月起，台北農產公司爆發人事大戰，民進黨因爲覬覦北農總經理的職位，以新潮流系段宜康爲首，對韓國瑜發動強烈攻勢，目的是扳倒張榮味系統。

前國代陳明仁透露，這場爭鬥一開始是民進黨自家人在鬥。有一天，他看到一則媒體報導，指陳明文對新潮流系嗆聲：「如果你們執意推出自己的人馬，我也將推出陳明仁，跟你們競爭！」問題是，陳明仁兄弟鬩牆多年，兩人幾乎沒有往來，陳明文從來沒有跟他提過這件事，更遑論要他去接北農總經理。「可見當時他有多生氣，氣到連我這張牌都打出去！」

民進黨「選對會」召集人陳明文受訪時澄清：「我沒有跟任何人角力，民進黨現在執政了，當然必須針對農會、漁會和水利會進行重整。」

如果用白話文解釋，北農採總經理制，誰掌握總經理大位，不僅可以拓展政治勢力、布局全台農會系統，還可以壯大派系利益。

民進黨茶壺裡的風暴告一段落，總經理內定名單揭曉，果然由同屬新潮流系的段宜康人馬、民進黨祕書處主任蔣玉麟接任，雖然首場戰役新潮流系功敗垂成，但隨即轉變成為鬥爭韓國瑜的戲碼。

二〇一六年九月，強烈颱風莫蘭蒂襲台，正逢高山高麗菜快要收成，而中南部剛栽種的新苗又被颱風一掃而空，等到農民再度種植，隨後又遭梅姬颱風摧殘，以至於十月以後，市場上的菜量出現眞空狀態，量少、價揚。媒體開始追究農委會和法務部的責任，對於北農是否善盡穩定菜價的功能，也提出質疑。

這時候，民進黨立委段宜康打蛇隨棍上，從十月二十日到二十四日之間，一連在臉書上對韓國瑜開砲，指控他是菜蟲、貪汙犯、流氓，建議檢察官查扣北農帳冊，調查水果禮盒的採購，以及高額獎金的浮濫發放，有無弊端？

韓國瑜回敬段宜康：「既然段宜康對北農有諸多不滿，我願意公開接受挑戰，從天文到地理、從兩岸到兩性、從菜蟲到螢火蟲，請檢查我的操守、績效，若操守、績效不好，我就把面前這一盤曲棍球吃下去！」

「他的所作所爲，都是爲了掩護民進黨新系，對北農總經理職務的覬覦！」

檢調在二〇一七年一月六日發動搜索，北農、韓國瑜辦公室和租屋處、採購課長住處等十二處，都被翻箱倒櫃，檢察官抱走歷年來的帳冊，之後還不斷追加，會計部門要連夜加班，才得以應付。

那段期間，韓國瑜總共接到十二張傳票，北農幾十名員工也被叫去問話。「他們一輩子都在北農上班，哪裡上過法庭？因此十分害怕！我叫他們不要怕！誠實就好了，誠實很重要！」

李佳芬記得，當時她幾乎每天都得到韓國瑜可能會被收押的訊息，「一顆心懸在半空中，惶惶無可終日！」如今回想起來，仍然記憶猶新。

韓國瑜第一次走出北檢，面對大批記者包圍，知道段宜康又封他爲「有毒的昆蟲」，而市議員梁文傑也加入戰局，再也壓抑不住怒火，回嗆：「他們倆個是什麼咖啊！每天把臉書當弓、把黑漆當箭，不停地射，素質奇差無比！他們這般文攻武嚇，不過是要搶總經理的位子！」

韓國瑜失業十二年，到北農四年，再過七個月就要退休。他曾經託人傳話給段宜康：「時間一到，我就走！」沒想到，他並沒有收手的打算。

「我本來想繼續隱忍，但段宜康說的四個字，超越了我的底線，令我無法忍受——『菜蟲』、『黑道』！我決定跟他們幹了。」

後來，他不僅開始接受媒體採訪，也在議會豁開了！「開弓沒有回頭箭！」從此，韓國瑜像一支射出去的箭，再也沒有回頭過！

台灣版真田幸繁

日本戰國末期武將眞田幸繁，在大阪「冬之陣」戰役中，以三千殘兵與三萬敵軍激戰。他率部眾殺進殺出，斬敵軍將領片倉重長於馬下，令敵軍望之卻步。幸繁譏諷敵軍：「百萬關東軍，無一男兒身！」之後，悠然自得地回到大阪。

眞田幸繁有「日本趙子龍」之稱，韓國瑜最欣賞在《三國演義》中，長坂坡前救阿斗的趙子龍——勇猛、忠誠，寧願戰死沙場，也不向敵人投降。

韓國瑜在北農蒙難，被段宜康等人足足打了七個多月，曾向國民黨中央和立院黨團討救兵，但沒有一個人對他伸出援手，他十分感慨：「人家立委、市議員和名嘴紛紛出籠，而我是孤身一人跟一群狼在打，最後被打火了，乾脆出來競選黨主席！」

他先把辭職信用雙掛號寄給北農的董事和員工，在尚未獲得董事會同意之前，即投入黨主席選戰。

「劉兆玄被摘掉文化總會會長，國民黨有誰爲他挺身而出？圓山飯店董事長李建榮遭到逼退，有誰爲他說過一句話？中央社社長陳國祥跟段宜康在纏鬥的時候，有誰跟他站在一起？沒有！國民黨的文化是：一人有難，八方冷漠！好啊！你們袖手旁觀，我一個人，跟他們幹！」

李佳芬最了解韓國瑜的性格：「韓國瑜這個人不能激，你激他，他會跳出來跟你拚命！他不怕跟敵人作戰，眞正傷他的人，是國民黨的同志。」

柯文哲說，要不是民進黨苦苦相逼，怎麼會把韓國瑜給逼出來？

如果時光能夠倒流，不知道他們會不會後悔？李佳芬有時候這麼想：「我們後來才想通，新潮流系就是要讓韓國瑜身敗名裂，這樣一來，他們的人才有接手的正當性；否則韓國瑜做得不錯，爲什麼要換人？假改革之名，是最好的手段！」

李佳芬猜測，楊儒門當董事時期，或許也想抓韓國瑜的小辮子，但經過一段時間，發現找不到，於是回去跟柯 P 報告：「這個總經理很不一樣！」

韓國瑜宣布參選黨主席後，電話響個不停，許多黨員千篇一律對他說：「我本來是想選你的，但是我不是黨員；我本來是想支持你的，但是怕柱柱姐當選，她主張『一中同表』，所以把票集中給吳敦義！」

跟之前北農事件一樣，韓國瑜參選黨主席，國民黨同志依然離他遠遠的，最後，只有台北市議員汪志冰跳出來。她的母親還因為支持韓國瑜加入國民黨，難能可貴。「汪志冰很講義氣，一路挺他，她要韓國瑜放心，她會幫他顧好士林和北投地區的票！」

韓國瑜靠一瓶礦泉水和一碗魯肉飯參選，最早在參選黨主席時就提出了。他的意思是，希望國民黨能夠拋棄黨產，浴火重生。他打算在當選黨主席後，將黨產歸零。「他這麼一說，誰敢支持他？」

韓國瑜是六位參選人中，唯一拿不到選舉名冊的人。當他們正準備上網下載時，卻完全找不到。

他們也沒有錢做文宣。有一天，一位幕僚接到某位候選人寄來的文宣，不僅印製精美，還寄到家裡。重點是，還附有回郵信封以及連署書。這種「豪華型」規模，令韓國瑜陣營望之興嘆。沒有組織、沒有選舉名冊、沒有人脈。韓國瑜只能每天開著車，帶著三名幕僚，以最「陽春」的方式競選，從北跑到南、從西跑到東。

他們到鳳山參加政見發表會，前一天晚上借住舊黨部。政見會一結束，隨便用個午餐，就往台東出發。到台東的第一件事，就是去找眷村，韓國瑜負責跟眷村老伯伯、老太太聊天，其他夥伴則趁機將文宣塞到各家戶的信箱。接著，他們趕到下一站花蓮。到了花蓮，同樣大海茫茫，他們只好又去找眷村。韓國瑜依然找老人攀談，幾位幕僚則去塞信箱。之後，他們到宜蘭，重複一樣的動作、發文宣和拜會。

在資源完全匱乏的情形下，韓國瑜只好把握每一場政見發表會、演講和受訪機會，盡可能發揮煽動力。

他的煽動力與生俱來，也了解藍軍選民的苦處。「我知道這幾年，你們的心是冷的、甚至是死的；但是我認爲，那只是表面。事實上，你們的心像火山下的熔漿，是滾燙的。你們在火、你們在氣、你們在憤怒！只要有人往火山口這麼一點，岩漿就會爆發，威力驚人！即所謂民心思變！這個力量若是一出來，絕對風起雲湧，沛然莫之能禦，我強烈感受到！」

「你們離國民黨遠去之後，只能自我放逐。現在，我可以把你們想說的話，一口氣說出來；把你們老早就想做的事化爲行動。當你們想說、想做的事，一旦被投射出來，這個力量將大得不得了！」

幾場電視辯論下來，他發現國民黨領導人論述貧乏，了無新意，完全不接地氣。

「國民黨已被推進加護病房，卻不自知。不僅不自知，這些人還拉不下臉，一天到晚強調輩份。如果他們眞的像一罈罈老酒，越陳越香，價格應該很高才對，怎麼會垮掉？所以反過來看，是不是黨政資歷越深、輩分越高的領導人，在舊有的體制內，再也無法突破、再也無法改革！但是，國民黨這個品牌再不改革，就要下市了！」

韓國瑜的魅力表露無疑。早自北農後期就聚集不少韓粉，一直亦步亦趨。王世堅質詢韓國瑜那場經典之作，不曉得被做成多少版本在網路播放。其中一個版本，觀看次數竟高達一千三百萬次。他的能量正在蓄積，直到參選高雄市長時，像火山一樣爆發，並且一發不可收拾。

跟著月亮走

軍歌〈夜襲〉裡有一句歌詞——「挺進在漆黑的原野上」。韓國瑜在北農、在選黨主席時的處境，就像這句歌詞一樣。直到高雄市長選戰打到最後，月亮才現身幫他照路。禿子跟著月亮走，支持者則跟著禿子走。

一開始，韓國瑜不被看好。高雄市是民進黨的「西瓜區」，還是個大西瓜。二〇一四年高雄發生氣爆，陳菊非但沒有被震垮，年底尋求連任，還以將近一百萬票當選。韓國瑜打陳其邁，怎麼可能當選？

一開始，他的「團隊」只有三個人，小吳、小黃和他，他們自我調侃爲「三子」——禿子、胖子和瘦子。禿子帶著胖子和瘦子，大膽挺進深綠區。

韓國瑜第一次與深綠「石化工會」成員碰面，所有人用懷疑的眼光看他。「國民黨的黨部主委，怎麼會來我們這個地方？」韓國瑜見招拆招，開口第一句話就是：「我們今天不談政治，只交朋友！來來來，大家喝！喝酒！」他們對韓國瑜刮目相看：「這個韓國瑜，跟以前的主委不一樣！」

接下來，他又去了第二次、第三次，等到第三次的時候，韓國瑜的幕僚私底下做了個測試。「如果以十個人計算，過去支持陳菊或楊秋興的比例是多少？」「八比二！」但是理事長私底下透露，「韓國瑜來到第三次，可能已經有十萬票跑到他那裡去，陳其邁少掉十萬票，一來一回，韓國瑜等於拿了二十萬票。」

國營事業、公家機關把韓國瑜拒在門外，企業界因爲怕生意受影響，也不敢跟他見面。他想到北農總經理時期，與高雄市青果公會理事長李界旺往來頻繁，或許可以到他那裡拜會。沒想到，對方跑到大門口來擋駕，當看到他一臉的尷尬，不想爲難他，掉頭就走。他只剩宮廟可以拜。

韓國瑜說，他不知道誰推薦他，但有一天吳敦義親自南下找他，要他接黨部主委，他當然清楚家人絕對反對。「但吳敦義有句話打動了我，他對高雄很有感情！衝著這句話，我願意留下。」

回家之後，他把決定告訴李佳芬，果然，她的反應激烈：「你退了就退了，不要再玩了！我從來不對國民黨抱任何希望，或許交到你手上，還有一點希望，但是黨主席選舉慘敗，證明他們不要你！況且，你對高雄這個城市那麼陌生，主委要怎麼當？」

李佳芬再度重申：「韓國瑜是眷村子弟，他如果決定了，就會賭命！」

韓國瑜在高雄的每一天，真的是在賭命。他住進市黨部，每天睡在簡陋的行軍床上，大約有半年之久。

二〇一七年七月，李佳芬第一次去看他，看到他和小吳兩個大男人，什麼東西都不會用，也沒有洗衣機，洗衣服都用手搓。飲食不正常，一日三餐，經常用一杯咖啡、兩片餅乾，就打發了。「這樣下去不行，快入冬了！」

後來有民眾主動說，有間空房子，裡面有洗衣機，可以租給他，他才真正找到落腳的地方。

李佳芬之所以擔心韓國瑜參選，是因爲民進黨的追殺，不會停息，後來果眞如此。首先是維多利亞雙語學校被「查水錶」，在韓國瑜通過國民黨初選提名之後，執政黨幾乎出動八部二會的力道，把學校像翻地毯一樣，徹底翻了一遍。「查稅、勞檢、環境……等各方面，都遭到最嚴格的檢驗，就以環境清潔來說，連水溝、廚房都被嚴查，還好我用了幾個歐巴桑，平常很愛乾淨，一有閒，就這裡擦擦、那裡清清，所以到處都一塵不染、清潔乾淨，讓他們無功而返！」

從北農、黨主席選舉，一直到韓國瑜選高雄市長，就一路跟隨的幕僚黃文財和司機吳啟全，也遭受池魚之殃。吳音寧在二〇一七年六月二十七日接任北農總經理，八月一日就出手，將他們降調轉任最底層的理貨員，其中黃文財被連降七級，第二天就遞出辭呈；吳啟全五天後跟進，甚至在辭呈上述明「拒絕報復性轉職」，吳音寧以用辭問題，拒絕批准，雙方隨即進入勞資爭議的攻防當中。

與吳音寧在地檢署相逢，韓國瑜十分感慨。當檢察官或律師，要他舉證指控吳音寧，他展現厚道本質說：「我跟這小女孩無冤無仇，爲什麼要害她？」韓國瑜因「菜蟲案」被查帳，查他的會計師，也是高雄人，最後透過她的姐姐轉達李佳芬：「我沒有看過一個人的帳，像韓國瑜那麼乾淨。妳跟他說，我支持他！會回去把票投給他！」

李佳芬許久沒到高雄，那次去看韓國瑜讓她大吃一驚。「我住在福華飯店，晚上才八點四十五分，整條街又空又暗，感覺很蕭條！」

於是她改變主意，支持韓國瑜參選。「如果你自認高雄在你手上有救，那你就選吧！不過，輸了你就退！」

「對我來說，退下來並非難事，反正自己再重新面對自己一次就是了。」

問他打選戰，究竟靠什麼支撐？「我一直靠意志力和生命體悟在撐。當你看穿生命的本質之後，你會知道，色即是空、空即是色，會沉澱出另一種心境——這只是生命的另一個過程，通過這個過程，一切事情終究會改變。」

只是韓國瑜沒想到，他的生命轉折竟然如此大，連他自己都感覺不可思議！

最令他有感的是，不管他走到山邊、海角，始終有一群中低收入戶，拉著他掉眼淚，要他改變高雄現況。

有一次他跑到旗山，正要上車，一名中年婦女拉著他、握住他的手說，她的兩個孩子都在北漂，「你一定要選上！拜託！一定要選上！我想要我的孩子回來。」

韓國瑜主打「北漂」議題，原本是想讓年輕人感受到自己的處境艱難，沒想到他們家鄉的父母、長輩，情緒也被勾勒出來，這是他始料所未及的。

二〇一八年五月，韓國瑜正式被提名參選高雄市長。當時他就認爲，自己與陳其邁的選情是五五波。當時所有人，包括電視名嘴，都對他嗤之以鼻。他每天被消遣。「但是我自己知道，我所接觸到的廣大基層民眾，已經民心思變。」

他到燕巢的宮廟去，現場竟然來了一、兩百人。有人偷偷告訴他，前一個禮拜陳其邁才來過，現場人數不到二十人。

韓國瑜定出選戰策略：七分之二跑台北，把聲音發出來，即所謂「空戰」；七分之五跑高雄，即所謂「陸戰」。選戰打到最後階段，他將比例調成一比六。直到投票前幾天，全部以陸戰爲主，各地的志願軍、區黨部、社團和軍公教退休人員開始動員，選民自發性靠攏，選戰熱到不行。

他認爲，一直以來民進黨爲選票搞意識形態的那種套路，不管是打悲情牌，或是懷舊、仇恨、對撞，早已經被淘汰了，「他們卻渾然未覺，始終覺得自己胸前掛著閃亮勳章，認爲台灣人民看到那些勳章，就一定得把票投給他們。這是民進黨最大的錯誤！那是一種情感勒索，認爲他們曾經爲這塊土地付出，被抓、被關，所以民眾在情感上，應該把票給他們，而且永遠投給他們。殊不知，民眾早已厭煩，他們需要的是民生，而我的選戰主軸，偏偏主打這一塊。」

韓國瑜的「攻城之戰」之所以成功，他分析，跟民進黨的城門洞開有關。「他們露出中洞，讓我長驅直入，卻渾然不覺，還拚命在旁邊射弓箭。如果他們把民生照顧好，特別是在南台灣，我根本沒有機會！」

韓國瑜按部就班，匍匐前進。「不管人家的冷屁股、熱屁股，我都貼，我不管人家對我如何冷嘲熱諷，因爲我心裡清楚，民心是站在我這邊的！」

他的幕僚把所有記錄翻開，發現韓國瑜早在七月初就呈現五五波的態勢，到了七月下旬，韓國瑜甚至鐵口直斷，輸贏就在三、五萬票之間，詭異的是，民調卻始終存在極大的差距。

韓國瑜原本要李佳芬不必下去幫他，等她跳進戰場，韓國瑜的氣勢已經起來。

在王金平開出「陸軍」之前，李佳芬在立委黃昭順發動的左楠造勢現場，就感覺到韓國瑜有勝選的可能性。選民自發性從四面八方湧入，就像炸開一樣，路邊站滿了人。民眾到了現場幫忙排椅子，熱情跟李佳芬打招呼，跟她訴說之前淹水的苦楚，互動十分熱絡。

黃昭順原本預計動員兩千人，沒想到現場來了大約五到八千人。民進黨公布三、四百人的照片，試圖阻擋西瓜效應蔓延，但這些小動作，卻無法阻擋民眾的熱情。

第二場在高雄市三民區、深綠大本營造勢，陳其邁的場子大約八點四十分結束，但韓國瑜的場子，即使已過規定時間，民眾卻久久不散，直到主辦單位開始疏散人潮，他們在互道晚安之後，還相約後會有期。

接下來，王金平的「三山造勢」登場。第一場鳳山來了五萬人。第二場在大旗美，前不著村、後不著店，場地十分彆腳，隔天又是上班日，但是現場擠了三、四萬人。當韓國瑜再回到鳳山，民眾已衝破十萬人。最後選前之夜，韓國瑜估算大約已聚集了十五萬人潮。

自北農時期一路跟隨韓國瑜的核心幕僚黃文財，每次陪他大進場，從場外走到舞台，往往走到滿身大汗，連續一、兩個月都是如此，體力負荷相當大，每一場下來，都像打仗一樣。爲顧及韓國瑜的安危，他們還刻意安排了三位「替身」，好採取聲東擊西的方法，降低風險。

王金平重建「三山造勢」始末，他指出，最早是一位企業家要韓國瑜找他。韓國瑜第一次與他見面，態度保留，以黨部主委，要求王院長協助市議員選舉；第二次時他才開口，要王金平幫他。

王金平是高雄「白派」的掌門人，對於高雄農會大老蕭漢俊掌控的農會系統，具有發號施令的影響力。在他指示下，蕭漢俊率先表態支持韓國瑜，農會系統整合完成；接下來，「紅派」看白派挺韓國瑜，立刻靠上來，派系完成整合。接下來，他開始鎖定樁腳，從市議員下到里長，進行組織動員，最後階段推出「三山造勢」。「空戰英雄」韓國瑜，有「陸軍總司令」王金平的加持，打下完美戰役。

李佳芬觀察仔細，她認爲，王金平與黨部的確是動員的主力，但是人民自發性的力量，遠大於組織動員。

黃文財也證實，以「三山造勢」第一場鳳山爲例，原本動員的遊覽車，受困於人潮之外，最後只好把車子開回去。王金平受訪時也指出，他動員了一萬人，但把人載到現場時，座位已被民眾給占滿了。

前行政院長張善政參與了第二場鳳山造勢，從舞台走到朋友停車的地方，足足走了一個小時。

那些陌生臉孔展現出的高度熱情，尤其是老人家，令韓國瑜十分感動。旗山和美濃的造勢現場，有一位住在高雄市的八十歲老太太，自己搭客運到美濃、再一路走進去。中途幸好被中國時報記者發現，讓她搭了便車，才得以適時趕到現場。回程時，記者忙著發稿，囑咐黃文財將老太太送回去，光是送到高雄市區，車程就花了一個小時。

另外，韓國瑜到旗津時，有一位九十幾歲的老人家，坐著輪椅趕來看他，韓國瑜原本已要離開，又轉回來握住他的手，並且合照之後離去。

韓國瑜坦言，他在台上幾度落淚，一是看見旗海飄揚，「高雄有多久沒出現過國旗了！」再者，則是當看到台下黑壓壓的一片。「我很激動！我知道他們過得太苦了、被意識形態綁得太緊了，他們不應該得到這種待遇，他們期待我能改變！」

韓國瑜的妻舅李明哲說，韓國瑜站在台上，好像有一種魔力，每個人一走進去，整顆心都被他帶走。跟著他笑、跟著他哭，好像被他領導了！

韓國瑜說，這場選戰打得辛苦，陳其邁也是一樣。「最後一個禮拜，我們都在宣傳車上度過，吃也在車上吃。只不過我瘦得比較厲害一點！」

選戰進入最後緊鑼密鼓階段，他一天最高記錄得跑十幾個行程，一整天下來，連飯都沒辦法吃，體重從原本的六九．七公斤，一下子降為六十公斤，元氣大傷。

黃文財透露，韓國瑜參加三立電視台主辦的那場辯論會，其實已經感冒，卻始終無法休息，只好趕鴨子上架；他的體力負荷早已超過極限，加上後來每天站在宣傳車上吹風，更是對他的體力大考驗。有幾次，他感到噁心、想吐，幕僚先要他坐下來休息，等到宣傳車一開到比較偏僻的地方，他馬上下車嘔吐。

韓國瑜在二〇一八年的十一月二十四日，以超過十五萬票的差距，打敗陳其邁，令高雄變天。李佳芬記得，韓國瑜過去早告訴她，自己是支績優股，而他這支股票，創下他自己有史以來的最高行情。

韓國瑜當選後，最想告訴他的支持者：「你們好勇敢，願意給我這個陌生人一個機會。你們勇敢投出的這一票，也代表著你們對未來投下這一票，我怎麼能不好好做呢？這就是我在發表勝選感言時，臉上沒有笑容、更沒有一絲喜悅的原因。因爲我知道，自己的責任實在太重大，我背負著太多人的期待，萬一做不好，將如何交代？」

韓國瑜認爲，他的一生可以用六首歌串連，分別是：〈哥哥爸爸眞偉大〉、〈童年〉、〈天邊〉、〈男兒當自強〉和〈夜襲〉，現在，他想要爲高雄市民唱一首──〈祈禱〉，爲這個偉大的城市，也爲那些勇敢的人民。

特別專訪

國民美少女韓冰

韓國瑜的女兒韓冰，因爲協助父親投身高雄市長選戰，而成爲台灣家喻戶曉的「國民美少女」。她燦爛的笑容、羞澀的表情、稚嫩的娃娃音、時髦的外型、模特兒的身材，低調又不失大將之風的儀態，走到哪裡，都吸引眾人的目光。

韓冰之所以名爲「冰」，是因爲韓國瑜喜歡金庸小說《書劍恩仇錄》裡的俠女「駱冰」，所以也給了女兒一個「冰」字。

自韓冰有印象開始，她的父親韓國瑜就是立委。爸爸走到哪裡，她就跟到哪裡，可以說是在立法院長大的孩子。

她的玩伴不是同年齡的孩童，而是立法院的大人。只要她待在研究室，父親的那些助理們，不是陪她聊天，就是教她畫畫；連韓國瑜有飯局的時候，都帶著她。

爲了韓冰經常隨韓國瑜進出國會，或到大飯店用餐，母親李佳芬還特別幫她買了一套套裝，得以應付大場面。

韓國瑜在台北當立委時，再怎麼忙，每個禮拜一定回雲林，與李佳芬和孩子們團聚。他們全家住在改建的三合院裡，放假日一到，韓冰總會趴在玻璃窗前，望眼欲穿，等爸爸回家。有一次，韓國瑜正在後院停車，韓冰一聽到引擎聲，就迫不急待衝下樓，一不小心，從樓梯上咕嚕咕嚕滾下樓，痛得她哇哇大哭。

鄰居說，韓冰從小就很可愛，很黏爸爸，只要看到禿頭，就誤以爲是爸爸來了。她曾經一度將蘇貞昌誤認爲韓國瑜。

李佳芬說，韓冰小時候有四年時間，爸爸在當立委、媽媽在當議員，找得到爸爸、就找不到媽媽，找得到媽媽、就找不到爸爸。

韓國瑜卸任立委後，回雲林沉潛，韓冰才六歲，搞不清爸爸是否失業、還是在做生意？只知道他每天爬完山，就到學校接她和妹妹、弟弟放學，之後再帶他們去吃冰，每天都開開心心的，可是媽媽就有意見了。

韓冰透露，韓國瑜原本很愛睡覺，但爲了送他們上學，竟然可以改變作息，早睡早起。途中，還帶他們去吃麥當勞。這一點，令她印象深刻。

韓冰不像一般青春期少女，經常與家長鬧彆扭；相反地，她與韓國瑜的感情比先前還好。原因是，大部分的父母在意孩子的課業成績，但韓國瑜自己待過放牛班，加上李佳芬主張快樂學習，所以兩夫妻非但不責罰她，反而倒過來安慰她，給她信心。

當韓冰捧了五十分回家，韓國瑜就說：「沒關係！以前爸爸還考四十分！」當她考四十分時，韓國瑜則自動降十分，以此類推。他只要求韓冰把英文學好，因爲語言太重要了，如果基礎沒打好，以後想補救就沒那麼容易了。也因此，韓冰與父親親近，什麼心事都向他傾吐，由爸爸陪她一路走過青春期。

李佳芬對子女的教育，有自己的一套方法。她沒有讓韓冰學習注音和寫字，而採取「大量閱讀」的方式。所以韓冰剛進小學的時候，頓時覺得吃力，並感到挫折。有一天，她考了三十七分回來，爸爸整個愣住了，李佳芬在底下踹了韓國瑜一腳，他這才稱讚她：「妳考得太棒了！」小孩子雖小，但是並不傻，她反問：「那爲什麼其他同學都考九十幾、一百分，我哪裡棒了？」李佳芬跳出來，鼓勵她：「妳看，妳剛學注音才兩個月。之前，妳一個都不會，第一次考試就考了三十七分，再過半年，妳就可以考到一百分了，要有信心！」

她還具體告訴她，注音和國字是兩套系統，不是會注音，就一定會認國字。「妳不相信，去看看馬路上的招牌，哪一個是寫注音的？」韓冰半信半疑問：「眞的嗎？眞的嗎？」

接下來，他們倆夫妻帶著她透過大量閱讀的方式認字，每天晚上輪流說兩個小時的床邊故事給她聽，這樣一直說了三年。例如，韓冰喜歡聽《哈利波特》，李佳芬就念給她聽；韓國瑜喜歡《西遊記》，就選擇作爲讀本。韓冰因此學會認字，還養成閱讀的習慣，並且在小學六年級的時候，參加國際小學生創意寫作比賽，題目是「影響最深的一句話」，她以「快樂的奧秘無法言傳，只能用心體會」爲題，拿到全台十面金牌的其中一面、也是全世界三十面金牌之一。

韓冰考大學時，學測成績不理想，正感到徬徨無助，無法決定是否留在台灣升學、還是乾脆出國念大學？韓國瑜協助她快刀斬亂麻，力勸她出國讀書。

韓冰還記得，就在她向各校寄出申請書後，爸爸突然問：「妳出國幹嘛？」還力薦她去讀花蓮海洋大學：「我看到他們正在招生！」

韓冰心裡明白，臨行前，做父親的不捨女兒離開，又不好意思說，只好用這種婉轉又無厘頭的方式，想把她留在身邊。

韓冰後來留下了，但不是去讀海洋大學，而是在高中畢業後，放空自己一年。李佳芬覺得當時韓冰尚未做好心理準備，加上身體又不好，所以也主張她先休息。

韓冰對彩妝很有興趣，隻身前往加拿大溫哥華學習，還一度考慮就走這條路。回台灣以後，她也去學專業「新娘祕書」。看女兒晃來晃去，找不到目標，韓國瑜開始緊張。李佳芬告訴他：「孩子讀大學、出社會、交男朋友、結婚以後，就不是你的了，你要珍惜這段與她相處的時光！」

韓冰自承，當時的確還找不到方向，一路跌跌撞撞自我摸索，有很深的挫折感。那段時間，也是韓國瑜一直陪在她身邊，直到她不再感到徬徨、挫折為止。

韓國瑜出任北農總經理，韓冰進入加拿大英屬哥倫比亞大學讀社會學系，她跟父親保證，自己一定會取得學分回來，並約定一直到畢業前都不可以問她考幾分。韓國瑜幾次忍不住問：「妳考試考了幾分啊？」韓冰絕對閉口不答。所以，韓國瑜從來沒有看過她的成績單。

父女倆相隔兩地，韓國瑜經常利用批公文的時間，與她視訊聊天。韓冰清楚知道，父親在北農爲員工做了那些溫馨事。除了有績效一定發獎金之外，還鼓勵他們練氣功、讀好書、學英文，並且繼續念大學和讀研究所。他發現員工意願不高，乾脆情商淡江大學教授到北農上課，讓他們一樣可以拿文憑。

韓國瑜在北農期間，許多農民從沒到過台北，當第一次踏出縣區、到北農參觀，韓國瑜總是熱情款待，請他們吃飯、喝酒，把他們高高興興送回老家。

韓冰在加拿大讀書，讀到一半時，韓國瑜因北農人事爭議，與段宜康等人戰得不可開交，黨團同志相應不理，刺激他乾脆投入黨主席選戰。幕僚建議韓冰束裝返國，幫父親說話。

自此，韓冰投入國民黨內戰，一路與父親並肩作戰，直到他當選高雄市長爲止。

韓冰第一次上廣播節目時還顯得生澀。訪問結束後，面對記者聯訪：「如果父親沒選上，怎麼辦？」她說了一句令父親感到窩心的話：「別擔心，我養你！」

韓冰這句話，可不是玩笑話。從小到大，她親眼所見，韓國瑜總是對別人大方、對自己節儉。「他都隨便穿，衣服破了，也不換！」

北農下來，韓國瑜依舊開著那輛二〇〇六年出產的二手休旅車，車廠師傅交代他，千萬不可開上高速公路，但韓國瑜還是照開。「沒關係！我慢慢開就是了！」韓冰覺得危險，把她當模特兒打工賺的錢拿出來，貸款幫他買了輛新車，錢都還沒付完，他就去選黨主席了。

韓冰百分百支持父親參選國民黨主席，與他一塊兒長大的同學和朋友，因爲也跟「韓叔叔」熟，雖然很不喜歡國民黨，卻因爲愛屋及烏，加入國民黨。

韓冰覺得，韓國瑜的黨主席之役打得很漂亮。落選後，就應該休息。她全力反對他接任高雄市黨部主委，而且反對的程度還勝過李佳芬。爲此，她一度跟父親打冷戰，不跟他說話。韓國瑜還以爲女兒跟朋友吵架嘔氣，殊不知女兒長大了，開始管他了。

依照韓冰原本的計畫，已安排好在學校讀兩個月的暑修課，並不準備返台；但到了二〇一八年四、五月間，她看父親選得悽慘，沒有人幫他，更沒有人看好他，於是她悄悄返國，跟父親站在一起。

起初，她看父親沒兵、沒將，每天跑得很辛苦、很累，整個人瘦一圈，硬是逼著他喝雞湯。

接下來，她開始招兵買馬。小學同學許右萱，正打算出國念書，從小到大從來不碰政治，卻爲了「韓叔叔」決定留在高雄；政策組長陳怡安是她的表姊，自然義不容辭；二十二歲美編王律涵原本在飲料店上班，前來應試，上政論節目舌戰群雄，毫無懼色，選戰打完，又回去搖搖杯。

韓國瑜這次勝選，可謂小兵立大功，五位小編年齡平均只有二十五歲，有時人手不夠，還要輪流上電視，王律涵就因爲說了「你們大人好噁心！」和「你以爲韓國瑜是Hello Kitty！」等金句，而一炮而紅。

韓冰說，她們常常忙到半夜三點才回家，這些年輕夥伴，根本就是「萬用鑰匙」！

她們從沒有吵過架，這是最大的致勝秘訣。她們共同的默契是：團體合作成敗與否，繫之於內部是否團結；團結則勝，內鬥則敗。國民黨亦然。

另外，團隊要成功，彼此之間的信任感很重要。幾個小編負責幫韓國瑜抓重點、幫他避開地雷區，其他則自由發揮；而韓冰扮演最後的把關機制，因爲畢竟她最了解爸爸，由她來抓感覺，總錯不到哪裡去。

她的心得還有：組織小，有組織小的好處，彼此溝通順暢，幾個人講好、或韓國瑜交代下來，她們立刻執行；在大選後期尤其重要，越忙的時候，越能溝通的團隊，就越占上風。

既然是團隊，難免有意見不合的時候，往往是韓國瑜跳出來當和事佬。他的口頭禪是：「沒關係！」

許右萱說，她小學就認識「韓叔叔」，常到他家聊天，從小就很崇拜他。輔選過程中，即使再忙、再亂、再怎麼受到對手陣營攻擊，她也從來沒有看過他發脾氣。

韓國瑜本身就是不錯的商品，不需要什麼包裝。他的口條好，自己可以說，不習慣用別人的講稿，頂多記幾個重點就上台了，事前完全不用花時間演練。幾乎每到一個地方，準備十分鐘就上台侃侃而談，政見會和電視辯論會亦然。

「我只叮嚀他一些小細節，因爲跟他講多了，他也記不得。例如有一次他到大學演講，現場開放直播，臨上台前，我跟他說了三點，他通通忘了，下來之後，我問：『怎麼樣？』他說：『我只記得妳要我脫掉競選背心！』」

大規模作戰，有像韓冰這樣的角色待在團隊，還有一個最大的好處就是，她可以對韓國瑜大聲。韓冰說，她對父親十分強勢，經常用「吵」的方式，規定他不要跑那麼多行程，他就只有一個人，再跑下去，身體會垮；再不然，就逼他休息、吃飯、睡覺。

好幾次，韓國瑜不聽話，她還氣到哭。

韓冰說，四、五十歲的大人，在她們眼中都是老人家；別小看她們這些年輕人、把她們當陪襯，其實，她們是有能力成就大局的。

選前之夜，韓冰發想，要母親寫一封信給父親。她請一位二十五歲的年輕導演，先幫母親拍成影片，剪好之後她先看過，並且交代：事前絕對不能讓韓國瑜知道。當選舉最後時刻，影片在十幾萬人前播放，韓國瑜忘我地盯著螢幕看；緊接著，李佳芬上場，未語淚先流，韓國瑜也紅了眼眶。韓冰說，她第一次看見父親哭。

與韓國瑜一樣，勝選之夜上，她和團隊以及母親李佳芬，臉上沒有喜悅，「表情就像落選一樣！」她幫父親詮釋，認爲韓國瑜經過十六、七年的沉潛，如今獲選高雄市長，他十分珍惜這個機會，並且努力想把市政做好。

選舉結束之後，她即將返回加拿大，繼續完成她的課業。人生的旅程很長，她永遠忘不了，陪父親打過那最美好的一仗。

國立成功大學
水利及海洋工程博士
1

阿

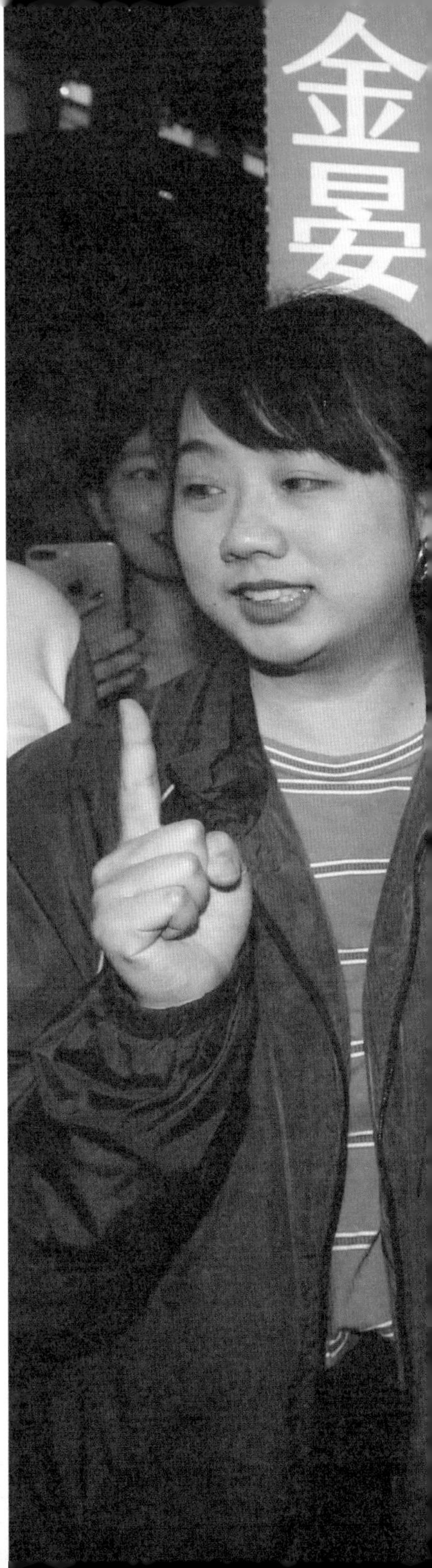
金

韓冰小檔案

一九九六年生
水瓶座，O型
嗜好：看書、練瑜珈
喜歡的顏色：黑、白、灰
最愛吃：麥當勞薯條

特別收錄 1

韓國瑜精彩演講全文

2017/01/12

韓國瑜宣布競選國民黨黨主席演講

很不可思議，很不自量力，怎麼光這個禮拜，宣布選黨主席的人這麼多，好像擠公車一樣。但是伸展台上模特兒越多，觀眾越可以看出來，哪一個模特兒身材好。不怕貨比貨，就怕不識貨。

我為什麼要參選國民黨黨主席？我有幾個思考點。第一，我生在台灣，長在台灣，我將來會死在台灣，也會埋在台灣。所以台灣這塊土地就是我的家園。但是我觀察到，我們台灣人民，已經茫然非常久。我也觀察到，我們執政的民進黨，無能跟囂張。我更觀察到我們國民黨的鬱悶。我們只能流淚，完全沒有辦法。政黨政治完全建立不起來。

執政黨執政的這一段時間，真的是亂糟糟。但是執政黨雖然無能、顢頇、跋扈，國民黨的民調卻從來沒有起來過。完全沒有。這也就代表國民黨，不客氣的說，已經離民意越來越遙遠了。所以，今天，我的參選活動後面放著高麗菜，各位看得非常的清楚，這代表這幾年來，我從來沒有離開過基層的民意。國民黨的黨意，一旦離開了民意，離開了基層，你注定永遠是個遊魂，你不可能有國民黨的黨魂。我們一定要從最基層出發。

國民黨就像便利店的一顆茶葉蛋，消費者不掏錢去買，你國民黨永遠沒有機會。我們這個品牌，已經不行了。我們的運轉資金，也不行了。消費者已經不喜歡我們了。用一句不客氣的話來講，國民黨再不努力，這支股票就要下市了，進入全額交割股了。

所以現在來競選國民黨黨主席，你想要吃香喝辣，想要乾隆皇帝下江南那種享受，是絕無可能。你要做好心理準備。我也做好了，就是要準備吃苦受難，帶領藍軍打仗，帶領藍軍的士氣，往前衝，讓台灣建立起真正健康的政黨政治。這是我的決心。

有一個健康的反對黨，才會有一個健康的執政黨。台灣的政黨政治沒辦法健康地建立起來，人民一定遭殃。如果黨員給我這個機會，我一定會帶著藍軍，全力衝刺。這是我的決心。

另外，從大環境、中環境、小環境來看，沒有一個台灣的知識分子不擔心我們的下一代。我今年六十，已經是花甲老翁。我這一生喝過很多美酒，路上也看過很多美女，也吃過很多美食。可是，我對下一代的憂心，已經到了極限。我對台灣的未來的憂慮，也到了極限。我們台灣，整個島被鎖住了。古代女人是裹小腳，我們台灣人是大腦被裹住了。真的。我們沒有未來。所以我一定要帶領藍軍往前衝！

我來日無多。真的。我的人生入土大概五分之四了。在我最後有限的生命，我敢戰！我勇敢地作戰！帶領我們藍軍的兄弟姊妹們，往前衝！強力監督執政黨，強力建設好一個優質的政黨政治。這是我責無旁貸的。

各位台灣的兄弟姊妹們，各位我們國民黨的兄弟姊妹，我們生死存亡只有二十個字。我觀察台灣政治幾十年，只有這二十個字。我誠懇地期盼，每個台灣人都要把這二十個字放在心裡。台灣的生死存亡，我觀察了幾十年：一、國防靠美國，二、科技靠日本，三、市場靠大陸，四、努力靠自己。不好好努力，我們再也沒有別的機會了。所以，對外，我們必須追求和平；對內，我們要追求公平。

台灣得天獨厚，以美國為首的西洋文明，以日本為首的東洋文明，以中國大陸為首的中華文明，全部在台灣這個小島上發光發熱。就像金庸武俠小說天龍八部裡的段譽一樣，他的武功是六脈神劍，他身上的氣功運用得好，絕對是有利的，運用得不好，就要內傷。我們把這三大文明吸收、內化，轉為我們向前推動的動力，台灣的前途將會非常地好。國民黨一定要背負這樣的一個任務。

我參選國民黨黨主席，各位好朋友，我知道你們有很多的問題。不用擔心，開弓就沒有回頭箭。我韓國瑜不是一個可以隨便被摸頭的人。雖然我的腦袋長得像芥藍菜，但不可能隨便摸我的頭。我是真正要帶領藍軍打這場仗的。請國民黨黨員給我這個機會。也請台灣人民給國民黨一個機會。如果我有機會領導國民黨，將會抱持著一個最謙卑的心情，全力以赴，建立良好的政黨政治。謝謝大家，謝謝。

2018/07/07

韓國瑜成功大學演講

■ **韓國瑜《成功大學領袖高峰會演講——我的職場經驗》**

我讀東吳大學的時候，最後半年不當警衛，專心準備考研究所。現在各位要考上研究所很容易，但在我們那個年代，考研究所的時候，萬頭攢動，每一次考試都要力拚跟火拚，很難的。但是半年之後，一下子我就考上兩個研究所：國立政治大學東亞研究所和淡江大學戰略研究所。念政治大學不用學費，還發獎學金，我就很自然地選擇政大，走上了國際關係跟兩岸研究的道路。

從此我人生的路就變了。我在生命這個階段，就碰觸到很多不同層面的人。讀研究所一年級的時候，有一個向全國大學生開放報考的日本訪問團，錄取名額十個，日語系的名額保留三個，其餘錄取七個。我去報考，又錄取了。那個時候我們很興奮。我們去訪問日本，跟日本的學生交流，他們的媒體也有報導。

讀研究所一、二年級的時候，我又進到台北市議會，當起民意代表的祕書。這個韓祕書太厲害了，文筆又好、腦筋又快、反應又快。閩南語叫：「呷好道相報。」其他幾個議員就圍上來，結果五個議員用我一個祕書。我記得當一個議員的祕書薪水是一萬兩千塊，結果我當五個議員的祕書，薪水還是一樣，一萬二。沒關係，物美價廉。畢業之後，就到了中國時報擔任記者。

我跟大家報告這些，就是要告訴你們，我跟你們這個年紀一樣的時候，我就碰觸到很多很多不同的行業。我當過警衛，我還當過軍人，當兵當了六年，然後再讀了大學，也當了記者。我又去教書，我到花蓮師範學院教書，還到世界新專、文化大學推廣中心教書，然後才進到政界。

講這一段，我不知道對各位有沒有什麼人生參考價值。讀高中的時候，我不是很用功，弄到最後，沒有辦法，在我們那個年代，只好當兵，或者考警察。我就是走當兵這條路。所以，十八歲的時候我就沒有去考大學，再回過頭來讀大學，我已經是二十四歲，接著，二十八歲讀研究所，三十一歲畢業，三十二歲進入台北縣議會當議員。這是很奇怪的一條路。這也就是為什麼，我軍校的同學很多人的孩子都比我的孩子大，因為他們都在當兵的時候就結婚了，而我是一直都沒有結婚，所以我孩子比較小。

講這些是說，如果你要正經八百，一步一腳印地這樣子走，那你可能會選擇一條走路靠右邊、做人有禮貌、溫良恭儉讓的道路。如果你要走一條顛簸的道路，要在急流之中，掌握人生方向的舵，那就要花很大的力氣，而且需要很大的意志力。而我走的是第二條路。是一條急流的、顛簸的、曲折的道路。所以在這段過程中，心力、體力、意志力都付出很大的考驗。當然我也有很多的挫折，我都一一地把它們度過。

我三十五歲就選上立法委員，這個在當時是很罕見的，因為我只當三年的議員，就去選立法委員。當時，第一次舉辦台澎金馬所有的立法委員改選，我一下就選上。

剛開始我意氣風發，每天磨刀霍霍向牛羊，自己認為自己很了不起，西裝筆挺，皮鞋很亮，頭髮也梳得很整齊。我們在立法院很神氣，見官大三級。民意代表見到官，是見官大三級，因為你可以質詢他。

剛開始我問政很認真。久而久之，世界變了，到處都是掌聲，到處都是讚美，於是我就掌握不住人生的方向盤，花天酒地。很多民意代表都這樣子，我們就跟著進了這個大染缸。以前窮了一輩子，這才發現，這世界上怎麼有這麼好喝的美酒，怎麼有這麼多好聽的讚美，怎麼有這麼多漂亮的陪酒小姐，怎麼有這麼多美女。

連幹了三屆九年之後，我感覺到，這不是我要追求的人生。人家說，你做得這麼好，你是大牌立委，你怎麼不幹了？我說，這不是我要追求的人生，我不幹了。四十四歲的時候，我就什麼都不要，什麼都拋到九霄雲外，沉澱下來了。大家都覺得我是個怪胎，因為沒有我們這種人，能選上為什麼不選？你不光是一人敵，你甚至可以當萬人敵。你是國會議員，多棒啊！可是我不要這樣的人生。結果整整幾乎十年，我都是一個人在山裡面沉澱自己。

這個時候，我的世界又變了。過去絡繹不絕的電話，不停的邀約，交際應酬，摟摟抱抱，通通不見了。我的世界變了，從彩色變黑白的，從囂鬧的變成靜止的，從群居的變成獨居的。只剩下幾個老朋友、老同學還有聯絡。這個時候才發現，哇，原來過去那些都是虛的。原來是因為你手上有權力，大家才靠過來。等到有一天，剎那間什麼都沒有的時候，你就會發現，這個世界不是你所想像的。這是我的親身經歷。

所以人從頂峰掉到最低潮的谷底時，你就可以看清這世界。有一句話說：「一貴一賤，交情乃見。」你這個時候才體會到，這句話真是有道理。

我沉寂了十二年，直到省農會叫我去賣菜。我想，我每天在家裡，我去賣菜也好。於是我就去了台北農產公司，也就是最近非常轟動的一家公司。轟動武林，驚動萬教。我去賣菜，一賣就賣了四年多，這四年來我每天都在菜市場。

我一到北農就在想，新的挑戰開始了。如果今天讓我去故宮博物院上班，到處掛著骨董字畫，我走路一定要很小心，感冒、打噴嚏都要很小心，不能把骨董字畫傷害到。如果我今天進到道德重整委員會，我可能一言一行，都要很謹慎，因為我是大家的表率。結果我現在到了菜市場，是全東南亞最大的果菜批發市場。我該怎麼做？

很多人都不知道這間公司，也不知道是幹什麼的，只覺得很有名。只覺得總經理薪水好像很高。我們一千一百個員工，因為經營不善的關係，被裁員五百個，剩下六百個。每一個人的薪水扣百分之十五。我去帶的就是這樣一間公司。公司資本額將近一億九千萬，是很小的一間公司，跟台電、中油、中華電信是沒辦法比的。農民把蔬菜水果送到台北，經過公開程序的拍賣，賣給了承銷人，再進到所有的市場。這就是台北農產。

我去了這家公司，很多人都不知道，成立了四十年，每天早上八點多、九點下班，凌晨十二點上班，卡車帶來的都是些刺龍刺鳳的，那些搬菜的、搬水果的，兇悍得不得了。貨一到，搬運工就要去搬。整個市場充滿著陽剛之氣。哇，一看，是來這裡，好，我們就變了。

環境變了，挑戰變了。自己也跟著變了。這就是一個動物適應環境的本能。愛喝酒？跟你拚了。愛大聲？我大聲跟你嚷。愛比力氣？跟你比。愛比乾脆？跟你比乾脆。我這個總經理是個秀才，但這個時候，再秀才，這個公司就不好帶了。

進入這麼複雜的一個團體要怎麼做？進到職場要注意什麼？我下面講的話，你們要小心聽。任何一個單位，只要時間長久，一定有「兵王」。阿兵哥的兵，國王的王。什麼是兵王？他千年王八萬年鱉，他階級可能高，也可能不高，但是他對這裡面熟得不得了。他知道眉角在哪裡，他知道竅門在哪裡。

就像左宗棠平新疆，整個部隊到了四川，那五千個人的部隊就不動了。後來來了一個袍哥，整個部隊就歡呼。原來左宗棠的軍隊裡面，很多是哥老會的。他想，那這個部隊怎麼打仗？左宗棠很聰明，他想，他也加入哥老會，他也成為老大。官兵一看，這是指揮官，又是我哥老會的老大，好，繼續走。於是就打到新疆去了。

你們進入職場，只要記住，每一個老單位，就有一隻兵王。這是很重要的。所以我一進去，就先找出兵王。不管是會計部、業務部、還是營業部，我先找出兵王是誰。這些人，一個眼神、一個動作，很多人都會聽他們的，因為他們是幾十年的交情，而我們是初來乍到。

接著我就想，這間公司基本上都快倒閉了，這個公司的積弊在哪裡，它的問題在哪裡。抓住問題以後，我就訂下公司發展目標。這間公司的目標有十個字，就叫「榮譽歸公司，福利歸員工」。這十個字基本上就是神聖不可侵犯的十個字。我把公司科長級以上的全部九十個幹部找來，先講清楚，訂下戰略目標，任何人都不可以侵犯這十個字，包括我本人。所有台北農產的榮譽，都是公司的，所有賺的錢，都是員工的。約法三章。從我本人開始做。

這個時候他們會觀察你是不是真的在實踐這十個字。像你們將來進到職場以後，大家都會靜靜地觀察你，而你自己不知道。但是你是被觀察的。我進了這家公司也是一樣。人生了解這一點是很重要的，提供給你們參考。你們進到職場以後，你們默默努力去做，你們以為長官沒在注意你，其實他一直在觀察你，這是一定的。

我把這十個字訂下來之後，我本人就往這十個字去衝，而且帶頭走。所有的陰暗面，我把它去化掉。那些鬼扯蛋的、私相授受的、勾結的、狼狽為奸的，怎麼破？一陽破九陰。陽光出來，陰暗就要走。我本身很陽光、很燦爛、很熱情，而且，很無私。我把這樣的形象先樹立出來。不然，這間公司我怎麼帶？一個土包子，以前是幹立法委員，在那個地方，講閩南語講得里里拉拉（台語），誰會服氣你？看到你就討厭。我自己心裡很清楚。將心比心，他們會想，你進到我們公司，你憑什麼？就因為你有後台。就是如此。所以我們必須要展現很燦爛、很磊落的一面。

第一年，我狠擊那個陰暗面，強烈出擊。我有時候就裝糊塗，但是我知道有問題。我一陽就破他九陰。我本人到，我住在菜市場。這個時候，大家開始收斂了，開始害怕了，開始緊張了。結果第一年就創造了四千兩百萬的績效成績，發給員工。除了正常薪水之外，我加發四千兩百萬，分給六百個員工。大家爽了，這個總經理講話算話。第二年，加發將近五千五百萬。第三年，加發七千萬左右的獎金。第四年，除了正常薪水，正常年終獎金，我加發了八千四百萬。

我訂了這十個字，第二句話是「福利歸員工」，大家就沒話講。我們要求這麼嚴格，結果賺了錢往口袋放，百分之百會出事。他們會想，你憑什麼？你剝削我，弄到錢，你把錢洗掉了，你貪汙了。誰會服氣？很多事情要將心比心。你狠狠賺了錢，要求這麼嚴格，公司一切往正途發展，就要全部回饋給員工。員工很辛苦地供孩子讀書，所以每年二月、九月，一定要幫助員工準備孩子的註冊費。所以每年二月年終，春節獎金發下去，九月中秋節，中秋節獎金發下去。一個員工，如果上面的長官，每一件事都在照顧他，連他孩子的註冊費，都幫他想好了，他沒話講。他對你有再多的不滿，或者工作要求越來越嚴格，他沒有話說，因為公司會照顧他。

再下來，吃喝嫖賭，酒色財氣，跟市場文化幾乎密不可分，我們怎麼把它轉化？我就發現，人生總是有些遺憾，這些員工，大部分都有一個遺憾，他們的拼圖並不完美，他希望加一個大學文憑，讓他的人生可以更完美。他在孩子、在自己太太面前，表現他力爭上游的一面。OK！我就跟兩個大學合作。我跟員工說，只要你願意讀大學，公司補助你百分之五十學費。一般高中、高職的，讀大學；有大專以上學歷的，讀碩士班。我跟淡江大學大陸研究所合作，要了十五個名額。昨天，我們台北農產六個拿到碩士的，發簡訊跟我說謝謝。

你都不參加，沒關係，星期一到星期四，公司找英文老師來補英文。你還是不參加，你已經被動了、抗拒了、麻木了，沒關係，六百個員工，每一個月發一本好書給你。這本書，我親自去選。這些人很久沒有看書了，內容太硬的，比如《馬克思資本論》，他怎麼看？你叫他看羅素的書，還是牛頓的數學原理，你不是要了他的命嗎？（台下觀眾大笑）你既要他理性，又要他感性。所以，一月、三月、五月、七月，跟九月，我發理性的書，二月、四月、六月、八月，我就發感性的書。

我告訴員工，寫讀書心得報告，公司就一千塊獎金給你。不寫報告，也不會處罰你。這六百個員工心裡想，哇，寫心得報告，可以有一千塊錢獎金，於是全部都去寫報告了。每一次六百個員工，大概都有三、四百個人交報告。有一天，我抽檢，發現三個報告長得一模一樣。我把他們叫來，問他們：「你們心得報告怎麼寫的，怎麼每一個字從頭到尾都一樣？」三個人滿臉通紅。我問他們：「你們是不是來騙公司獎金的？」他們說：「報告總經理，絕對不是，絕對不是。」「那為什麼一模一樣？連字都一樣？誰抄襲誰？」三個人的臉色，非常難看。我說：「不是我誹謗你們，你們要寫就寫，不寫也沒事啊，為什麼要抄？是不是來騙獎金？」他們就說他們再也不敢了。這件事一定會傳出去，大家就知道，總經理會抽檢，太可怕了，這個禿頭太厲害了。（台下觀眾拍手大笑）慢慢地，讀書的風氣就開始盛行了。

大家知道，一個上級，他如風，一個基層，他如草。風行草偃。當上面的風往正向吹，下面自然往正向走。上梁不正，下梁當然就歪了。你可以亂搞，我為什麼不能亂搞？你貪汙，我們為什麼不能貪汙？這很簡單。當整個公司開始往正面、善良的循環方向發展的時候，下面一定會變。這就是人心。

大家看秦國的商鞅變法，就從搬一根木頭開始，因為他告訴人民，政府講話算話。商鞅貼出公告，說能夠把這根木頭，從甲地搬到乙地，就懸賞白銀多少兩。公告一貼出，全秦國都在笑，認為政府又在騙他們了。有一個壯漢來了就搬，果然立刻拿到獎金，政府從此樹立了威信。

一個公司不也是如此嗎？當整個風氣是往正向發展的時候，公司的品質就變了。所以我在台北農產，除了水果的果香、蔬菜的菜香，還有強制壓進去的書香。這個時候，整個公司就開始產生正能量了。

各位在座，若干年之後，你們有了重要職缺，不管是在政府部門，或者民間部門，你們要記住我今天這番話。你永遠有三個選擇：英雄、梟雄、狗熊。

什麼叫英雄？我的解釋很清楚：一切為公，沒有私心。這是英雄，但下場可能非常悲慘。你看岳飛，他是怎麼死的？他跟他兒子，被人用熱的柏油澆到身上，活活燙死。你看袁崇煥，怎麼死的？他把努爾哈赤給殺了，可是遇到崇禎皇帝，把他一塊一塊肉割下來，民眾衝上去一口一口把他咬死。一切為公不見得有好下場，但是你問心無愧。

第二個選擇是做梟雄，一切為己，能撈就撈，能混就混，反正一切就往口袋放，時間到，走人。一切為己的下場可能非常好，好得不得了。「三年清知府，十萬雪花銀。」怎麼弄都可以撈，老的時候，大部分的錢給孩子，少部分的錢到廟裡去燒香拜拜，求菩薩保佑他兒子當大官，女兒婚姻幸福，全家健健康康，平平安安，快快樂樂。但是菩薩會保佑嗎？不會的。這就是另外一層的問題了，不是法律層面的，也不是輿論的，變成是宗教層面的問題。但是你要追求，是你的選擇。

第三，最簡單的，做一隻狗熊，就是動都不要動，千萬不要得罪人，誰來了都笑咪咪的，決不做任何改革，蕭規則曹隨，張三說就尊重張三，李四說就尊重李四，不要隨便人事調動，不要隨便亂花錢，一切都不動。就像狗熊一樣，肚子餓了，嘴巴打開，就有東西吃了，疲倦了，找個地方靠。幹三年結束了，做了什麼？不知道。做了六年，不知道自己做了什麼。這是狗熊。保證不會出事。因為你根本不動，不作為。一動，當然這局面就變了，八卦就變了。不動，當然就不得罪人了。出了缺，盡量不要補。要升任何一個官，不要隨便做決定，因為三、五個人搶，你發布一個，另外的人會恨你。你所有的一切都不作為，時間到就走了。然後百年之後，子孫說，我阿公是韓國瑜，他當過什麼什麼大官。再問阿公當年做了些什麼，子孫說，我不知道他做過什麼。很簡單，因為他是狗熊嘛，他只是要這個職務而已。

你們人生每次臨到關鍵時刻，都有三個選擇：英雄、梟雄、狗熊，你們自己做決定。當然我在台北農產，我選擇第一條路，英雄的道路。我一定要，因為我好強，我不能漏氣，一定要全力以赴，衝刺改革，打掉一切的積弊，全面向上。會不會得罪人？這樣肯定得罪人。

有拍賣員拍賣完以後，下班拿了菜就回家，我抓到就開除。我說：「這是人家的菜，你怎麼能拿？」他下跪，說：「報告總經理，我第一次。」我說：「你幹了三十一年，你不可能第一次。哪有從年輕幹到老的時候，你突然偷人家一把菜，絕不可能，這違反人性。」（台下觀眾大笑）於是我把他開除。一開除，全公司震撼。但如果是狗熊呢？就會叫他寫個報告，標明哪一年哪一月哪一天，他偷了誰的菜，他以後不敢了。OK！沒事了。其他人都在看，哦，原來偷菜沒事。你要選哪一個？

所以英雄的道路，會是很寂寞的，會是很猛烈的，碰撞性很強。而且，下場不知道是吉是凶。就好像我現在被台北地檢署調查，八千四百萬獎金為什麼發給員工。我不是到台北地檢署應訊嗎？我說你要辦我，你第一年就辦了。第一年四千兩百萬，第二年五千五百萬，第三年七千萬，第四年八千四百萬，你要全部辦我才對，你怎麼只辦第四年呢？這不合理啊。我有罪，從第一年就有罪了，怎麼會只有第四年有罪？因為我們選擇英雄，所以我們的腎上腺素會時常起來。這過程很辛苦，可是我們問心無愧。

今天，我在高雄，我台北農產的兄弟姊妹們，多少人打電話到高雄。他們知道，我是一個好長官。這不是自我吹牛。我缺點很多，但他們感受到，這個總經理是歷屆四十年來最照顧他們的總經理。人的心都是肉做的。他們現在開始採取行動，告訴農民，韓總是什麼人。就這麼簡單。

現在，最終，除了前半生跟你們報告完畢之外，我要跟你們講，你們這麼年輕，你們要做什麼準備。每一個長輩，可能都有個毛病：好為人師。我比較不一樣，因為我是放牛班畢業的。不像我們黃教授，可能是資優班的。我從小讀書，跌跌撞撞，一路曲折。但是我要跟你們講，我從放牛班到了資優班，再打回放牛班，我覺得我走了這麼多路，我要給你們在座各位好朋友，一些比較有建設性的建議，或許有參考價值。真的有幾樣內涵跟本領，你們要準備好。

第一，你一定要自我培養為雙母語人才。你們所有在座這些同學，你們將會面臨到台灣幾十年來前所未有的困難。大環境對你們很不利。我們這幾十年來，沒有看過台灣這麼困難過。台灣競爭力急速下滑，人才不停流失。我這兩天跟沈富雄、唐湘龍、呂秀蓮在聊，都是憂心忡忡。

從台灣的南部開始算，整個大南海：菲律賓、馬來西亞、印尼、新加坡、越南、泰國、柬埔寨、海南島、中國大陸、香港、澳門，往上走還包括日本、南韓，以及最近拋棄核子武器的北韓，全部在發展經濟，而台灣卻缺席了。我們號召新南向，做的也是哩哩拉拉（台語）。多可怕。這整個周邊，未來要投注多少錢，要多少人才，有多少的機會，而我們全部缺席。各位，我們缺席，相對的機會就少了。整個南海周邊，全部在快速發展，而我們缺席。這多可怕。這個影響太大了。

往東北亞走，我們會看到日本。過去，台灣跟日本的情感很深。但是現在，我們連北韓都要注意了。北韓的煤和稀有金屬，是全世界最好的。台灣有什麼？北韓只要一開放，光它的礦產就不得了。我們有什麼？沒有。

所以，在整個南海地區，請問台灣年輕朋友，你們該怎麼辦？這是很可怕的。台灣的土地，占全世界萬分之三，人口，大概千分之三，我們的工業產值，占全世界大概百分之三。萬分之三的土地，千分之三的人口，百分之三的工業產值，這是我們的現況。但是這百分之三，會不會往下滑落？是很值得擔憂的。怎麼辦？怎麼做？

基於這樣的一個大環境，你一定要自我培養為雙母語人才。不是國台語，是中英文。你們每天再辛苦、再累，一定要花兩到四個小時投入英文。你沒有中英文雙母語能力，你連競爭的資格都沒有。你說現在翻譯機很方便，但那不自然。你跟人的交往要用翻譯機就Low掉了。你英文的聽說讀寫，必須完全是母語式的，能在腦袋瓜裡自動轉換。雙母語只能保證你在國際上移動，卻不能保證給你一碗飯吃。但你一定要做。

第二，你要確定發展的目標。如果你不知道沒關係，你可以到處試試看，想一想你將來到底要做什麼。不管是為了興趣，或者為了飯碗，要訂好你的人生發展方向。

第三，要廣結善緣，多交朋友。品行好的朋友要交，但是那些人大部分都很自私。品行不好的、吊兒郎當的朋友，大部分都怪怪的，但是有的時候很熱情。品行好的朋友要交，但有的時候，調皮搗蛋的朋友也要交。雞鳴狗盜有雞鳴狗盜的用處。所以說，「仗義每多屠狗輩。」那殺狗的，反而是重義氣的。所以你不要只在同溫層交朋友，要把自己的人脈網打開。

第四，在內心深處，多修路，少築牆。什麼意思？我看到你我就不喜歡，我這個牆就築起來了。我看到你我很喜歡，我這路就開過去了。台灣的孩子，基於台灣的政治氛圍，很容易在內心動不動就築起牆來：哎呀，這個是菲律賓來的，哎呀，那個是越南來的，哦，那大陸來的。自己也不知道在踐什麼。記住，把心的牆壁拆掉以後，就都是道路。菲律賓人也有好人，非洲也有好人。把一條條心路通出去。我的孩子在溫哥華讀書，發現我們台灣同學都不跟大陸同學來往。憑什麼？就憑自己不太喜歡他們。有的人還看不起印度人。憑什麼？不知道憑什麼。

無名的驕傲感，把我們的思想束縛了。我們心中築起了高牆，使得我們在與人交往的時候，沒有辦法客觀地審視人家的優點。我們被這無名的驕傲感綁住，極其幼稚可笑。

把心胸打開來，可以跟很多人做好朋友。這個好重要啊。你看很多美國、加拿大的台灣留學生，只跟台灣同鄉來往。多可憐啊！他的生命都窄化了，他的交友圈窄化掉了。既然如此，那你出國讀書幹麼呢？你就在台北讀書，交台南、高雄的朋友就好了。對不對？海天之大，應該徜徉在五湖四海，與各種人交往。

我時常講，交女朋友要分人種嗎？黑的、白的、黃的，長得漂亮就好。賺錢要分幣種嗎？菲律賓披索、日本日幣、美金美元，我們都賺。女朋友不分人種，賺錢不分幣種，那你為什麼交友要分呢？你的心胸一開闊，你的人生就變了。這是很重要的。

把雙母語能力培養好，然後，確定自己的目標，把心胸打開，廣結善緣，再來，要了解到我們當前的處境，越來越困難，當大我已經變成這樣，小我怎麼辦？很多事情要做好準備。

我看過很多曲折的人生，我自己也經歷過，我也載浮載沉過幾十年。我曾站上人生頂峰，我也待過市井，跟賣菜的打成一片。到我這個年紀，我給你們這幾個建議，希望對你們的人生，是有幫助的。

我能講的，不是很多，如果你們不嫌棄的話，最後再講一點，就是每天看一下社論。每天花十分鐘把《中國時報》、《聯合報》、《自由時報》的社論看一下。社論英文叫column。一個記者，寫一個字一塊錢，但是這些報紙的column，由學者專家寫的，一個字可能要四塊錢，因為他們寫的是最好的文章。你把他們分門別類，人權的，環保的，軍事的，經濟發展的，把它剪下來，現在很方便，用電腦存檔，每天花十分鐘到十五分鐘，就等於有好多大學教授在教你。他們都是每一個領域的專家。

你可能是學英文的，你可能是學資訊的，但你可能一輩子像一隻螞蟻，兩度空間，為什麼？因為你不了解其他科系裡面的事，所以藉著讀社論，能讓你的生命豐富，讓你能跨領域地了解事物。螞蟻是兩度空間，人是三度空間，我們最怕學科分際，一頭栽進去以後不出來。這就把生命窄化了。

所以一定要培養看社論的習慣。記住，看報紙一定要看社論，這些都是最棒的文章，文字也優美，立論也紮實，而且思想有時候高瞻遠矚。這個習慣一旦養成，不花一毛錢，每天都有很多老師在教你們。一天只要十五分鐘，幫助是很大的。

演講即將進到尾聲。我眼中看到你們，我的感覺是，台灣年輕的一代，真的，就像《雙城記》說的，充滿著機會，也充滿著危機；充滿了光明，也充滿了黑暗。我們情況非常不好，就好像潛水艇潛下去以後，遇到水雷轟炸，開始震撼一樣。我們不知道水雷要轟炸到什麼時候。我們現在情況真的不是像想像的這麼好，民心很亂。所以你們要自己掌握住人生的方向，最少要培養雙母語、國際移動的能力，千萬不要忘記這件事情。尤其是大一 freshman、大二 sophomore 的時候，如果你把這件事丟掉，就太可惜了，因為將來你進了社會，你再抽時間讀，有的時候好忙好忙，你沒有辦法讀。所以一定要把雙母語能力弄好。然後，把心胸打開，多交朋友。看社論，了解世界大勢，體察天下大勢，了解天下的變化。

還有，談戀愛不要昏了頭。現在很多年輕人都犯這個毛病，一談戀愛頭就昏了。記住，你現在就是要好好找一個對象。人生有三件大事，出生，接著就是結婚，第三就是找對一個老闆。你們在這個年紀，一定要好好找一個對象，情投意合，理想接近。談了戀愛以後，很難聽勸。我記得我年輕的時候交女朋友，我媽媽時常跟我講，「你不要跟她在一起」，我天天在家裡革命。現在我老了，我發現我媽是對的，因為那個女的脾氣實在太壞了。

把上面這些事情都準備好，接受人生下一階段的挑戰。雖然非常辛苦，**但是要記住，對台灣要有信心，一定要有信心**。台灣是個寶地。哪裡有這麼好的全民健保？哪裡有這麼好的醫療？哪裡有這麼善良、勤奮的人民？法國一對夫妻騎著腳踏車環遊世界十四年，到了台灣，騎了大概五天。他們覺得台灣人很怕人家餓肚子，他們從基隆騎腳踏車到屏東，每一個都說：「你肚子餓了嗎？你吃飽了嗎？」（台語）台灣人第一怕人家沒吃飽，第二是非常友善。所以要對自己國家有信心。即使我們現在國家面臨到很大的困難，還是要對自己有信心，因為我們有最優質的人才，最棒的社會體系，全球最好的治安，而且我們聰明、勤勞。

為什麼台灣人這麼敢拚？到非洲，到中南美洲，提個手提箱就幹了。我想，可能跟我們男孩子當過兵有關。二十歲當兵，就是第一次離開家裡，心裡害怕，當了兩年兵以後，就什麼都不怕，提個手提箱，在全世界做生意。我看到好朋友在非洲賣蘭花，我問他，黑人要蘭花嗎？他說，黑人家裡也要蘭花。

全球工業體系裡面的細分項目，台灣的產品都是全世界最棒的。我念幾個，讓你們增加信心：雨傘、球鞋、褲子、BMW的車燈、波音七四七裡面的墊子、餐車、麥當勞、肯德基裡面的鐵架、花盆、假手、假腳的義肢、美國太空衛星的螺絲，都是台灣的。千萬不要小看台灣人，台灣人是不得了的，全球工業體系裡面細分項目的產品，第一大、第二大公司都是台灣人開的。不可思議啊。太厲害了。

所以要對我們充滿信心，即使我們現在眼前有困難。未來，我們個人把自己的條件培養好，對台灣充滿信心，廣結世界各地的好朋友，用中文走遍華人圈，用英文遨遊全世界，未來將有最大、最美麗的一幅風景在等著你們。祝福大家！謝謝！

2018/10/26

韓國瑜鳳山造勢演說全文

■偉大的高雄市人民，我們勇敢地站出來囉！

我們偉大的高雄市睡太久了。高雄市是一個巨人，要山有山、要海有海。我們有完整的工業，我們有完整的農業、漁業，我們有這麼棒的海港、空港，台北市怎麼與高雄市來比？高雄是四個新加坡這麼大，是三個香港這麼大，是十個台北市那麼大。可是我們睡太久了，二、三十年來，高雄沒有好好發展經濟！

偉大的高雄市這個巨人，要清醒了！

各位高雄鄉親，我們二百八十萬的市民，我們要拒絕貧窮，我們要拒絕又老又窮，我們要迎向繁榮、迎向富庶、迎向光明，好不好！各位鄉親，各位鄉親，我們不要再過得這麼苦了，我們不要中低階層過得這麼的辛苦，我們也不要我們的孩子越走越遠。三、四十年前，我在高雄的鳳山當兵。當時我十八歲，一輩子頭一次離開家，我就來到鳳山。那個時候的高雄人是這麼驕傲，這麼有氣魄，全台灣雙B轎車最多的地方就在高雄。台灣錢淹腳目，高雄人錢淹肚臍。全台灣最富庶的城市是高雄。

所有外縣市的青年都漂來高雄，澎湖、台南、嘉義、雲林、屏東都往高雄漂。為什麼？因為我們有錢，因為我們有工作的機會，所以外縣市漂來高雄。今天，我們的孩子往遠方漂，因為我們已經沒有錢了，我們沒有這麼多的工作機會，我們沒有辦法提供我們自己的子弟足夠的養分，這是我們高雄人一定要面對的，咱（我們）高雄人一定要面對這個問題！

我們必須擺脫貧窮，我們一定要有一套辦法，讓高雄這個巨人勇敢地站起來，轟動全台灣、轟動海內外，好不好！大家都說現在在高雄要怎麼拚經濟？我們不要高深的學問，我們要可行的方法，聰明的政府找方法，無能的政府找藉口！我們高雄只要東西賣得出去、人進得來，高雄會怎麼樣？（支持者喊）發大財！

我們的農村、我們的漁村、我們的農民、我們的漁民在掉眼淚。遇到風調雨順，我們的農民在哭泣，合理嗎？對得起他們嗎？如果韓國瑜選上高雄市長，今年十二月就任，明年二月我親自陪著農民團體、漁民團體去外面搶訂單，好不好！

我們高雄市政府有這個責任，讓我們的農民、我們的漁民過更好的日子。這裡是我們高雄市荷包蛋的蛋黃區，我們一定要讓觀光客、投資客大量地進來，好不好！

韓國瑜當高雄市長以後，整個高雄對外所有的往來，沒有一個敵人、沒有一個對手、沒有一個陌生人，全部城市、全部國家都向我們高雄開放，好不好！韓國瑜當上市長之後，我們高雄人也會張開我們的臂膀，用我們的熱情迎接所有來往的城市、所有來往的國家，好不好！

各位兄弟姊妹、各位鄉親，沒有一個國家、沒有一個城市會等高雄。我們自己沒有出息，沒有一個人會等我們。往我們的南方看過去，菲律賓、馬來西亞、印尼、新加坡、泰國、越南、中國大陸、香港、日本，每一個都在進步。沒有一個國家、一個城市會等高雄，人家不會管我們。如果高雄落後，如果高雄的經濟越來越差，對其他國家來說，「活該，你自己的選擇。」所以自己的高雄自己救，自己的未來自己拚，好不好！

各位鄉親，從我選舉以來，就希望這是一場乾淨的選舉。幾十年來，一遇到選舉，民進黨不用奧步已經不會選了。他們沒有武功、沒有內功、沒有招式，不用奧步他已經不會選了。我們非常期待，二〇一八年高雄市長的選舉是非常乾淨，也非常健康的。我堅持一瓶礦泉水從頭選到尾。我沒有競選總部、我沒有總幹事、我沒有插旗子、我沒有後援會，我不請客、我不買票、我不送禮，就是一瓶礦泉水。

如果今年二〇一八年，高雄市市長選舉真的是靠一瓶礦泉水贏得勝利，韓國瑜靠一瓶礦泉水在選舉之中獲勝，這不是代表韓國瑜有什麼了不起，因為韓國瑜只是一個賣菜的。這代表高雄市民是偉大的！今年高雄市選舉，全世界都在看，美國、日本、英國、大陸、東南亞，每一個國家全都在看高雄。各位鄉親，讓我們一起寫下這偉大的一頁，讓我們向全世界證明高雄是民主聖地，讓我們證明高雄市的選民素質是最棒的，一瓶礦泉水也可以打贏市長選舉，好不好！

各位鄉親，讓高雄這個巨人醒過來，讓高雄市民頭腦越來越聰明，讓高雄市民頭腦越來越清醒。我們經濟要一百分，我們再也不要碰政治，我們好好讓自己的生活過好，我們好好教育著我們的下一代，讓全台灣、全世界對高雄刮目相看。勇敢的高雄市民，起來吧！

謝謝！謝謝！謝謝！

2018/11/08 韓國瑜旗山造勢演說全文

■我們偉大的高雄市民，又再一次地勇敢地站出來囉！

謝謝王院長，謝謝各位立法委員，謝謝我們的司儀許淑華委員，也謝謝我們所有從各地來到這裡、我們提名的所有議員。各位來自高雄市各區、全台灣各地的好朋友、以及最重要的旗山美濃地區所有的鄉親，大家晚安！大家好！

整個韓國瑜的競選團隊，半年前不被看好，甚至被人家看不起。但是我們默默的、認真的、努力的一步一腳印，在高雄市還有以前的高雄縣，一步一腳印，到今天已經轟動了全高雄，轟動了全台灣，轟動了整個海內外。

各位鄉親，為我們高雄市這麼了不起，所有的市民們鼓掌一下好不好！

今天晚上，有人說是旗山夜襲戰，第一場是鳳山戰。我要誠懇地期待，要拜託大家。各位在座尤其是男性的朋友們，我們靜下心來，我們來唱一首歌，符合今天的旗山夜襲戰。四十年前我在高雄當兵，唱的就是這首〈夜襲〉。若各位女孩子、女性的好朋友們如果不會唱，跟著哼沒有關係，我們把心靜一下，唱完這首軍歌，讓我們懷念那個一步一腳印，慢慢慢慢讓整個高雄都感動的過程。我們就唱這首〈夜襲〉好不好！我來發音，會唱的我們一起唱，讓我們的歌聲響徹雲霄，轟動海內外好不好！

〈夜襲〉歌詞

夜色茫茫，星月無光，
只有砲聲，四野迴盪，
只有火花，到處飛揚。
腳尖著地，手握刀槍，
英勇的弟兄們，挺進在漆黑的原野上。

我們眼觀四面，我們耳聽八方，
無聲無息，無聲無息，
鑽向敵人的心臟，鑽向敵人的心臟。
只等那信號一響，
只等那信號一亮，
我們就展開閃電攻擊，
打一個轟轟烈烈的勝仗。

我們一起打勝仗好不好！

各位旗山美濃所有的鄉親，各位高雄市各界來的好朋友，很多人都唱衰，說今天在旗山美濃只有大概五千人吧，大概三千人吧，大概八千人吧，大概一萬人吧。現場大家自己看一看，尤其看我們的眼睛，每一個人的眼睛都閃閃發亮，每一雙在現場的所有的好朋友的眼睛都充滿著期待，都渴望高雄改變，都期待偉大的高雄重新站起來！

怪事年年有，沒有今年多。現在出現了一個奇怪的現象。現在的總統，天天打高雄的韓國瑜，退休的總統也打韓國瑜，選台北市長的人也打韓國瑜，選新北市長那個頭比我還要禿的人也打韓國瑜，選桃園市長的人也打韓國瑜，選台中市長的人也打韓國瑜，選台北市議員的人也打韓國瑜，還有選高雄市市長不同政黨的人，他怎麼樣？他也打韓國瑜。還有這些年輕的高雄市議員候選人，政見都還沒有講清楚，他們也在怎麼樣？打韓國瑜。

我們台灣的民主政治怎麼會走到這一步？全台灣民進黨瘋狂地打一個又老又窮又醜又禿的韓國瑜，打一個賣菜的。他們是真的頭殼壞了，他們不知道民主政治最可貴的是什麼，是人民把選票給你，讓你完全執政，希望能過上好日子。二、三十年來，咱高雄鄉親自己想想，我們這麼認真、這麼多的高雄鄉親把票投給民進黨，希望過好日子，結果高雄的現況，絕大多數都不滿意。民進黨眼睛，看的是高雄人的選票，高雄人心中想的是我口袋沒有鈔票啊，對不對！

（夜襲響起）

各位旗山美濃地區的鄉親，韓國瑜保證，我如果當上高雄市長，我一定陪著旗山最棒的香蕉蕉農，我一定帶上美濃最棒的茄子、豆子、我們的白玉苦瓜、我們各種農產品，韓國瑜親自陪著農會系統，陪著旗山美濃的所有農民朋友，我們去外銷找訂單，好不好！

（夜襲響起）

各位鄉親，我們高雄人這次頭腦真的清醒了。我們要拒絕貧窮，我們再也不要貧窮。我們再也不要意識形態，我們再也不要泛政治化。今天是三山會，非常感謝王金平院長、農會蕭漢俊理事長，還有林國正立法委員，還有農會所有的好朋友不停的安排，他們安排了三山會，在我來看這三山是什麼三山？大家說旗山、岡山、鳳山。各位鄉親，我跟大家報告，我們還有一個三山，未來的高雄要「金山、銀山、靠山」，好不好！

韓國瑜選上高雄市市長，我保證做所有農民漁民的後盾，我也向大家保證，我做所有企業家的後盾，我也向大家保證，向所有的產業、觀光產業、所有的士農工商保證，韓國瑜的高雄市做大家的靠山，讓所有高雄市民，讓所有來自海內外的企業家，你們盡力地去賺金山銀山，好不好！

高雄鄉親，拿出骨氣來，高雄市的條件，全台灣最好，但是我們睡了二、三十年，咱睡太久了啊！這次我們要勇敢地站起來，我們要告訴台灣兩千三百萬人，高雄人絕對不會漏氣。我們一定要勇敢地站起來，大步邁前，全力地吸收外資，全力地吸收觀光客，把我們最好的產品賣出去，讓高雄萬商雲集，所有的商人都願意來高雄，好不好！

我們的目標是賺到金山銀山。市政府不再是一個官僚體系，或者是作官作威。不，市政府要做士農工商的靠山，整個高雄就會成為一個有機的集合體，整個都動起來。各位鄉親，我們來決定，未來高雄四年要走哪一條路線。民進黨怎麼打，用什麼樣的奧步，沒關係，繼續放馬過來。選戰的上半場，他們抹黑我是黑道流氓，下半場抹黃，在中間休息時間則抹紅，不停地抹。我都還沒有正式投票，全身已經五顏六色。選舉選成這樣一點意思都沒有。民進黨不長進，他們應該要給老百姓過好日子。所以高雄鄉親，這次的選舉，今天有人問我，要不要請國民黨黨中央大老？我說，不必，今年高雄市的選舉，是高雄市民加上韓國瑜對民進黨投下不信任票，對不對！

最後拜託檯面上這些我們各地的議員，市長再怎麼樣厲害，沒有他們的配合，我絕對跛腳。我們這些議員，一定要一起衝起來。未來的高雄，有兩個大拳頭，第一個拳頭是市政，第二個拳頭是市議會。我們兩個拳頭全力往外衝，打出一片天，打出屬於我們高雄的未來，打出我們高雄又富又強，好不好！

謝謝！最後再一次要拜託大家，自己的命運自己救，自己的前途自己開、自己闖。各位鄉親，我知道美濃旗山交通非常不便，昨天晚上，很多人就來這裡住，昨天晚上美濃、旗山的旅館全部客滿。你看外面，小攤商滿滿滿，這代表什麼？這代表民心思變啊！

再一次拜託大家，最後比一個手勢，請大家把右手食指拿出來。好多交通警察在那邊指揮交通不敢講，好多老師跟老師見面也不敢講，公務員也不敢講，大家不敢講，企業家也不敢講，那從今天晚上開始，我們把食指支持一號韓國瑜好不好，我們一定成功好不好！我們一定為高雄創造一個廉能的政府好不好！各位全高雄市的鄉親、全台灣的好朋友，就從今天晚上開始，支持一號韓國瑜，見到面，請你直接把右手手指拿出來，這是我們這一次高雄市長選舉最神秘最重要的符號，好不好！以後見面打招呼直接就舉這個好不好！

今天還要為大家獻唱一首歌，這個歌代表我們奮鬥的精神。我們一起獻唱〈愛拚才會贏〉！

（韓國瑜領唱〈愛拚才會贏〉！）

2018/11/14

韓國瑜岡山造勢演說全文

謝謝王院長、高雄市農會蕭漢俊理事長、林國正前立法委員，還有各位農會系統的各位好朋友。「三山造勢」大家可以說很認真。剛開始我們沒被看好，王院長英明睿智，說以前高雄縣沒有大型造勢絕對不行，所以我向大家報告，王金平院長就開始規劃、用心設計這三山的造勢。蕭漢俊理事長也知道，了解到農民漁民非常的辛苦，也一口氣跳下來投入三山之友會，林國正前立法委員也義不容辭地跳下來。

所以在這個三山之友會的第三場岡山大會，我一定要發自內心地感謝我們王金平王院長、蕭漢俊理事長、林國正林立法委員，也要謝謝今日從台北來的，我們立法院最菁英的我們的蔣萬安蔣委員、王育敏王委員，還有高雄的黃昭順委員，還有幾十年來，永遠把農民漁民放在第一位的我們的前農委會主委、陳保基陳主委也來了。還有我們江啟臣江委員、還有柯志恩柯委員、還有我們主持人，也就是每一次當司儀喉嚨就會啞掉的南投的許淑華許委員，還有由許崑源議長所帶領的我們所有最可愛的高雄市議員候選人，還有站起來比我個子還要高，但坐在椅子上卻不見得，我們的前台北縣長周錫瑋周縣長。

各位我們岡山、橋頭、燕巢、所有大岡山地區的父老兄弟姊妹，還有來自各地的朋友，大家早上九點鐘就來了。還有一位九十五歲的老爺爺，我實在是太感動了，他已經九十五歲了，真的三場都到，謝謝，謝謝。

各位我們的鄉親，還有九天就要投票了。我一直期待二〇一八年高雄市長的選舉，會是台灣的選舉史上最乾淨、最美好、最棒的一場選戰。從頭到尾，到現在，投票只剩下九天，我都沒有批判過我的對手。從頭到尾，這麼多抹黑、這麼多造謠、這麼多謾罵，我都忍下來了，因為我有一個比這個更高的信念：台灣民主政治一定要走向更高、更美、更好的一個境界，對不對！

但是讓我心理上很難過。從旗山大會到岡山大會短短的幾天，各位我們鄉親，抹黑已經到了離譜的地步，已經太扯了。你看看這幾天，台北來的電視主持人到高雄，站在我們對手的場子說，只要韓國瑜當高雄市市長，高雄就會被賣掉。我是當高雄市長，我是要把高雄的土地一坪一坪賣掉嗎？還是把高雄市全都賣掉？還是我要賣給誰？抹黑到這個程度，還有人全高雄在講，韓國瑜當市長，老人年金、老農年金就要取消，有這回事嗎？完全胡說八道。

還有人說王金平院長支持我，是因為要把林園、大寮變成殯葬區！我户籍在林園，我把它變成殯葬區？然後又把王金平院長臉上抹黑。為什麼一個選舉要搞到這個樣子？今天以後他們會繼續抹，民進黨絕對會。

前行政院副院長林錫耀說，韓國瑜就是一個迷幻藥，迷幻藥吃下去一段時間就清醒了。各位鄉親，這不是迷幻藥。如果出現了韓國瑜現象，那是因為今日大家已經受不了台灣的民主政治，所以把心裡的聲音講出來。這不是迷幻藥，這是老百姓已經受不了了，對不對！我們過的日子太辛苦了，高雄人為什麼要忍受貧窮？為什麼會把希望放在韓國瑜身上？他們到現在還不了解！

天下乞丐，誰決定乞丐？是皇帝啊！

皇帝有德有能，民生富庶，社會祥和，哪裡來的乞丐？皇上無能，施政不修不明，官員貪污腐敗，街上乞丐就會越來越多。這個是電影《蘇乞兒》裡面很有名的一句話：「決定乞丐的是皇帝！」

各位鄉親，決定你們對台灣政治滿意還是不滿意，是我們民進黨執政以後帶給我們到底怎麼樣的生活，對不對！我跟大家報告，很多好朋友拜託我去外縣市助選，我真的沒辦法每個都去，我是拒絕再拒絕。有些是因為感情，有些是多年老友，所以我不得不去。我去了桃園、宜蘭、屏東、還有雲林，我去的每一個地方，這些民眾的期待的眼神，大家發自內心的呼喊，我都了解！

真的民心思變，人民已經真的受不了，人民渴望更美好、更富強、更棒的一個生活，對不對！

韓國瑜當市長，我跟大家報告，我們高雄一定要全力拚經濟。聽起來很抽象、非常抽象，但是這代表決心。我們給民進黨在高雄執政二、三十年，民進黨做得太久了。他做得好，他就繼續執政，大家都沒話說，我韓國瑜也不敢出來選。結果他做得這麼差！高雄看起來西裝筆挺、這麼漂亮，可是大家口袋沒有錢，人民過得多苦。我到這麼多地方，多少人看到我流眼淚，說日子過不下去。

各位我們高雄鄉親，我們給了民進黨這麼多寶貴的時間執政，我們這麼疼愛民進黨，各位這麼相信民進黨！結果呢？我說一句不客氣的話，我們已經不欠民進黨了。我再說一句激烈的話，民進黨也不是高雄人的爸爸，為什麼每一次都要投他？我跟大家報告，民主政治走到今天，人民才是政黨的爸爸，對不對！

所有的政治人物、所有的政府、所有的政黨，絕對不能夠忘記初衷，絕對不能忘記對選民神聖的承諾。這是我的看法，我負全部責任。我們要找回到民主最原始的精神。民主民主，人民作主，對不對！

我剛進立法院就追隨我們王院長，我知道王院長在立法院處理不同政黨，可以說勞心勞力。一想起三十年前的民進黨，我感慨很多。在三十年前，民進黨在立法院的菁英份子，一個比一個優秀。我看到黃信介，我看到盧修一，我看到江鵬堅，甚至我看到蘇貞昌，在那個年代都是非常優秀。他們真的不錯，我們沒有話講。我們不同政黨，但是可以互相尊敬。

但是今天中央完全執政兩年，高雄完全執政，結果卻變這樣。所以我剛才用的字眼很激烈，只有一個目的：今年選舉，我們高雄人的腦袋要全部打開來，我們高雄人這幾十年的魔咒全部都要打開來，我們高雄人要越來越聰明，重新開始看政治人物，重新開始看政黨。你做得好，我讓你執政，做不好，我絕對讓你下台，好不好！讓我們寫歷史！

各位我們高雄岡山區各位兄弟姊妹，各位鄉親長輩，讓我們一起寫歷史，讓我們讓全台灣人、全海內外的華人看看我們高雄。講到我們高雄大家都說是民主聖地，讓他們看看我們高雄這次選舉多厲害！又乾淨、又陽光、又單純、又美好。所有的議員在我後面，大家都有志一同，全部用最單純的方式選舉。韓國瑜做市長沒有議會的配合，完全沒有辦法行動。所以每一個後面我們國民黨所提的議員，請鄉親全力支持！

我們有信心，今年高雄一定會轟動。各位鄉親你想看看，為什麼每天媒體都在報導高雄？我今天韓國瑜若沒來這選市長，大家自己去思考，有沒有辦法海內外華人都在看我們的高雄，有沒有辦法全台灣都在注意我們的高雄，沒有辦法！

韓國瑜來了代表什麼？我們力量很小、人很少，可是我們有戰鬥意志、我們有決心，我們願意為高雄而戰。雖然自己力氣很小、人很少、錢很少，我們有這個決心，在高雄這個民主聖地的土地上，我們好好打一場選戰，對不對！

讓全世界看高雄，讓我們整個台灣看我們高雄，各位鄉親，向全世界、全台灣證明你們支持韓國瑜，你們支持一個理念。民主民主，人民作主，選賢與能，好不好！謝謝！

最後跟大家保證，如果有機會當高雄市長，我絕對帶領一個最棒的團隊，永遠不會離開基層，苦民所苦。我們重視招商，但是我們要了解中低階層的辛苦，我們一定不會忘，我們也不敢忘，這是高雄市民對我們最重要最重要的信任，韓國瑜絕對不敢忘。

我最後要帶大家唱一首歌，這首歌很有名，但是要改幾個字。這首歌本來叫做〈愛拚才會贏〉，但是要改過來。為什麼要改過來，我要改成〈愛贏才能拚〉，你若不會贏是要怎麼拚？我們要改成〈愛贏才能拚〉！好不好！

韓國瑜超級星期六造勢晚會演說全文

2018/11/17

謝謝我們遠從南投趕來，兩肋插刀，為我幫忙當司儀的立法委員許淑華許委員。也要謝謝，頭型比我漂亮，但是五官沒有我清秀的郭子乾先生。也要謝謝我們充滿著詼諧、充滿著幽默、今天仗義來的名主持人沈玉琳。也要謝謝我們前行政院張善政張院長、各位蒞臨的嘉賓陳宜民立委、謝龍介主委，還有後面這次本黨所提名所有的、我們最棒、最優秀的議員。

最要感謝我們偉大的高雄鄉親。今天我們沒有動用一台遊覽車，我們沒有動員一個人，全部自動自發，來到鳳山參加韓國瑜的造勢大會。我們這麼熱情，超過了十萬人，為自己掌聲鼓勵一下。

各位熱情的鄉親，各位我敬愛的高雄鄉親長輩，各位父老兄弟姊妹，大家晚安，各位客家鄉親大家好。今天是我們黃金週的動員大會，也是對這一年多以來，韓國瑜在高雄，不停地跑，不停地拜訪，不停地論述，跟大家報告我們對高雄的願景，真正的測試。感謝大家熱情來到這裡。

全台灣都在看、全世界也都在看高雄這次的選舉。我覺得，當我講出「東西賣得出去，人進得來，高雄發大財」的時候，有一個更重要、更重要的，就是我們高雄價值！我們賺大錢是目標，並不是我們的價值。我今天想跟我們所有高雄鄉親一起來分享我所看的高雄價值。我們高雄最偉大的價值是什麼，最棒、最美好的元素是什麼，讓全台灣人震撼，為我們高雄人感到佩服和感動的是什麼，這個是高雄兩百八十萬民眾，絕對不敢忘記的。

我們高雄的價值是兩個字：包容。高雄人永遠把雙手打開，熱情洋溢。不管來自任何地方，只要到了高雄，高雄人都是充滿著歡樂，擁抱著你。我們看歷屆高雄市市長，從蘇南成、吳敦義、謝長廷到陳菊，都不是高雄人。我們看民進黨九個立法委員，除了一個林岱樺委員是高雄人，八個都不是高雄人。我們看這次參選二〇一八年的市長，四個候選人，沒有一個在高雄出生，這代表什麼呢？包括我的競選對手陳其邁委員的夫人，也是馬來西亞人，這代表什麼呢？大家都可以愛高雄、高雄也會愛大家，對不對！

我們高雄從現在到未來要向鄉親拜託，我們一定要抓著我們的價值，就是包容。高雄的過去是包容，高雄的現在是包容、高雄的未來也是包容。高雄的前途真的只有一條路，我們一定要面向海洋、面向國際、面向世界，為我們所有高雄市兩百八十萬民眾，好好拚一條路出來，好不好！

這次選舉基本上主要的候選人，並沒有人身攻擊的任何記錄。今天抹黑、抹黃、抹紅韓國瑜的，都不是主要候選人，都是助選人在發動，所以我覺得我今天心裡是有一點難過。今天幫我來助選的、我們國民黨黨主席吳敦義先生，也講了一些話，讓我聽了以後我覺得非常的不適當。我不喜歡任何選舉的過程，用隱藏性的、甚至人身攻擊。我不要，這不是我要追求的。像這兩天我們台語的歌星、最有名的詹雅雯，也受了很多委屈。我不知道是真韓粉，還是假韓粉，如果熱愛韓國瑜的韓粉，拜託大家！

要尊重我的決定！

我希望這是一場乾淨的選戰，沒有必要搞得劍拔弩張，沒有必要搞得殺父之仇、奪妻之恨。像我們在現場有唱歌、有跳舞，有快樂的演出，不是非常好嗎？大家說對不對！

我是高雄市市長候選人，我剛剛講了這兩個例子，我的心裡面是起伏很大的。還有上個星期，我們名電視主持人鄭弘儀先生來高雄，說韓國瑜選上高雄市長，高雄會被賣掉。還有人說韓國瑜選上高雄市長，高雄滿街會插上五星旗，還有人說韓國瑜選上市長，共產黨就接收高雄。像這些抹紅、抹黃、抹黑，沒有停過。我不懂，為什麼一場地方型的選舉一定要搞成這個樣子。

所以我再重申一遍，二〇一八年的高雄市長選舉，韓國瑜我希望真正的是一場乾乾淨淨的選舉，我寧願乾乾淨淨輸掉，我也不會骯髒地贏得這場選舉，好不好！

拜託，我以二〇一八年高雄市市長候選人的身分，呼籲所有的人，不分政黨、不分立場，如果一定要來高雄幫忙助選，請你不要口出惡言，請你不要人身攻擊，請你不要貶低台灣民主的價值，好不好！

我跟各位我們偉大的高雄鄉親報告，下個禮拜開始，所有最可怕的抹黑將會傾巢而出！大家要做好心理準備，有抹紅的，說我是共產黨的同路人。我是共產黨同路人，我卻長期失業，最後好不容易找到一個賣菜的工作，賣菜賣得非常好。立法委員段宜康要搶我的位子，用他的祕書代替我當總經理，把我趕走，對我火力全開！台北市議員王世堅跑來踹了我一腳。兩個人把這個事情打得不可開交，莫非段宜康跟王世堅也是共產黨派來的嗎？

為什麼選舉到了，感覺民調要接近、要落後，就開始抹紅？各位偉大的高雄鄉親，我跟大家報告，請大家做好心理準備，所有奧步在最後一個禮拜都會傾巢而出。民主進步黨執政之後，沒有好好照顧台灣人民！在高雄市也是一樣。選舉到了，急了怎麼辦？他們不願意丟掉手上的權力，採取了最快速、最廉價、也最不入流的手段，就是抹黑、抹紅、抹黃。我敬請高雄鄉親要支持我，要做我的後盾，我愛台灣，我生在台灣，我長在台灣！將來我會死在台灣！我也會埋在台灣！

各位我們可愛的高雄鄉親！我們親愛的所有的兄弟姊妹們，我們台灣民主政治，用了這麼多的時間、那麼多的心血，好不容易走到這一步，真的很不簡單！全世界華人都在看。二〇一八年我拜託所有支持韓國瑜的所有的好朋友們，我們要洋溢著歡笑，洋溢著喜悅，讓這場高雄市長的選舉，不要有仇恨、不要有抹黑，支持韓國瑜的，永遠笑咪咪，就像外面擺的攤販一樣，每一個來韓國瑜場子的人，大家都快樂無比。讓我們把二〇一八年高雄市長選戰打得又快樂、又陽光，好不好！

謝謝各位鄉親，再一次感謝大家，好多鄉親從高雄市不同的角落來到這裡，真的要感謝大家。再說最後一句，我們窮太久了！真的窮太久了！我們不應該過這樣子的日子，高雄市絕對有最好的條件，高雄市民應該有理由、也有資格過更美好的日子，對不對！

敬請鄉親，面臨到下個禮拜的奧步，全部笑一笑，不要生氣，因為他們不用奧步，已經不會選舉。笑一笑，靜悄悄，該拉票的拉票，該吃飯的吃飯，該唱歌的唱歌，該找朋友聊天就找朋友聊天，該泡茶就去泡茶，不要管他們。他們一定會出奧步，不要管！信任韓國瑜、支持韓國瑜、相信韓國瑜！

拜託所有高雄鄉親，我們後面所有的議員全部在這裡，我們是一個強大的市政府。韓國瑜當選，一定會帶著高雄市走向富強繁榮，一定會讓高雄市的錢多得賺不完，會越賺越多！所有的議員全部會一起聯手打造高雄成為全台首富，好不好！

最後拜託十一月二十三號投票夜，選前最後一個晚上，我正式徵求一百個禿頭，跟著我一起進場照亮高雄好不好！如果一百個禿頭，大家不過癮的話，我們就正式徵求三百個、或五百個禿頭，在選前最後一夜，一起進場好不好！謝謝大家，我們選前之夜再見！拜託大家！謝謝！

韓國瑜勝選感言

2018/11/24

謝謝大家相信高雄，相信韓國瑜。

（哽咽）

高雄鄉親、好朋友、志工朋友，還有所有關心高雄選舉的海內外、台澎金馬的朋友們，大家晚安。

我要感謝的人太多。我是佛教徒，我要感謝菩薩。我要感謝高雄市人民，願意給我機會。還要感謝我可敬的對手其邁委員，感謝國民黨中央黨部，感謝王金平院長在我最困難時幫助我，更要感謝兩年來批判我的人。

我與我內人先深深一鞠躬感謝大家。二〇一八年台灣民主政治史上出現最神奇的一幕。我和其邁委員在所有選舉過程中，沒有批判過對手。我感謝其邁委員，也感謝大家堅持高雄價值。

各位親愛的高雄鄉親，我們高雄人正在向全世界釋放一個訊息：我們全高雄人要全力拚經濟，為我們下一代謀求最好的生活！

高雄市民給了剛到高雄一年兩個月的我一個機會當高雄市長，這是多麼大膽的一個決定。但我內心沒有太多喜悅。高雄禁不起等待了。我要立刻挽起袖子，立刻為高雄未來打拚。我會組織一個年輕團隊，建立一個廉潔的政府。希望高雄的市民可以相信韓國瑜的團隊。好不好！

明天開始我會重組高雄小內閣，不分藍綠，用人唯才！

2018/12/25

韓國瑜就職演說「讓春天從高雄出發」

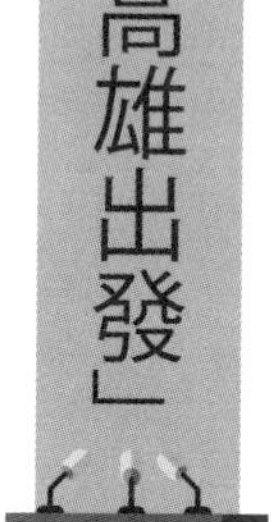

讓春天從高雄登陸
讓海峽用每一陣潮水
讓潮水用每一陣浪花
向長長的堤岸呼喊
太陽回來了，從南回歸線
春天回來了，從南中國海
讓春天從高雄登陸

這轟動南部的消息
讓木棉花的火把
用越野賽跑的速度
一路向北方傳達
讓春天從高雄出發

各位鄉親，各位貴賓，各位好朋友，大家早安，今天是二〇一七年十二月二十五日，非常榮幸能和各位站在愛河的鰲躍龍門之前，一起迎接「鰲躍龍翔、南方崛起」的開端。

我以余光中先生的詩《讓春天從高雄出發》作為我今天演說的開場，是因為今年高雄市長選舉百分之一百是個「轟動南部的消息」並且「一路向北方傳達」，我們用二百多天的時間，讓改變的春天轟動了北部、轟動了台灣、甚至轟動了全世界，可以說整個二〇一八下半年，只要有華人的地方，都關心著高雄的一舉一動，所謂三十年河東、三十年河西、三十年的風水輪流轉，這一次，終於輪到咱們高雄當家作主、成為華人世界的焦點。

在此特別感謝我們偉大的高雄市民，勇敢地選擇了這一條轟動武林、驚動萬教的改變之路，各位交付到我手上的是一份乘載著二百七十八萬個殷切期待的神聖任務，我不能也不會辜負所託。當然，我也感謝歷屆的高雄市長、社會菁英以及全體市民，因為有你們對於高雄市的真心付出與用心建設，讓我們共同擁有了這一座如愛河流動著愛意與包容、如壽山承載著歲月與文化、如高雄港懷抱著夢想與遠方、如高雄縣孕育著美好與豐收的偉大城市。只可惜這座偉大的城市已經沈寂了太久太久，久到我們都忘了，它就像我們愛河上這一條蟄伏已久的巨鰲，熱切等待著一個飛躍天門、身價百倍的騰龍時刻。

這正是我為未來四年的任務所寫下的「高瞻四海貨暢流、雄企八方人和通、起心包容愛鄉土、飛鰲港都化騰龍」的真實初心。

然而，對於一條負債三千億的巨鰲而言，脫胎換骨的騰龍一躍不可能一蹴可及。

首先，在這個全球化的時代，為了做到貨暢其流、人和其通，高雄必須找回遺失已久的海洋精神，用愛與包容的態度讓高雄走向世界，也讓世界走進高雄，然而，讓貨賣得出去、錢／人進得來，高雄發了大財是一面為了還債、一面為了投資我們的下一代，因為未來我們高雄囡仔面臨的機會與競爭將不只來自台灣本島或海峽兩岸，而是來自四面八方、全球各地，所以市府接下來一定會徹底落實雙語教育與雙語城市的政策規劃，確保高雄的孩子們都具備國際視野與移動能力，他們不一定要離鄉背井，但只要他們願意，人人都能夠走遍世界亦無所畏懼。

除了擁抱世界，我們也不能忘記關懷鄉土，選舉期間我走訪了縣區與偏鄉，發現城鄉差距真是出乎我的意料，無論教育、醫療還是基層建設，處處存在著一個城市兩樣情的隱憂，其實我們縣區與偏鄉就是高雄的金山銀山，隱藏了許多有形無形的城市資產，就連市區裡也有不少潛力股亟待開發，因此，未來市政府會做好人民的靠山，新的施政一定會朝著城鄉兼顧的方向努力，不只一視同仁、更要因材施教，讓蛋黃區與蛋白區發揮各自的優勢和長處，各顯神通、各得其所，務必讓大高雄的平衡發展、永續成長不再只是城市藍圖、而是城市實況。

我來自基層，在士農工商的崗位上都曾經摸滾打爬，大家都知道，我最樂在其中的工作就是賣菜郎，和這群看天吃飯、最接地氣的農民朋友們一起打拼的歲月讓我覺得歡喜踏實，也是這段經歷讓我認知到風調雨順屬於老天保庇、國泰民安卻是事在人為，所以我會永遠與基層站在一起，因為想讓每位市民朋友都有一份安居樂業的幸福生活，就是當初推動我站上這裡的起心動念，而我的理想並不止步於此，「打造高雄、全台首富」的君子之約，我韓國瑜不敢也不會讓它停留在一句選舉口號，因為高雄確實擁有先天條件可以成為一顆耀眼的亞洲明珠，只要市府與市民攜手努力去擦亮它的光芒，我們一定可以讓全世界刮目相看。

我同時也要鄭重向各位宣布，從今天起，高雄市屬於全體高雄市民，它不屬於任何政黨，也不屬於任何派系，在市府團隊的心中，沒有圍牆、只有道路，在高雄市民的眼前沒有顏色、只有幸福。此時此刻，二百七十八萬高雄市民以做高雄人為榮，有朝一日，我相信全球華人都會以做高雄人為榮！

最後，再次感謝偉大的高雄市民們，你們就是從高雄出發的春天，請各位繼續和我以及新市府團隊一起傳遞這場轟動全世界的高雄春天，讓高雄起飛、看南方崛起。

用二百七十八萬人的力量一起向全世界呼喊，高雄來了！

韓國瑜就職演說
「讓春天從高雄出發」

Good morning, ladies and gentlemen. Honourable guests.

A year ago, no one believed that I would be standing here today, on this stage with you all. And now, I am honoured to say that we have made the impossible POSSIBLE.

Kaohsiung has come a long way. Things are tough and times can be rough. But through the ups and downs, I see its strength and potential. From the beautiful landscape, to the hardworking, kind-hearted people.

And I see hope. In everyone of your eyes, longing for a better tomorrow. So I would like to thank everyone who has supported me along the way. Without you, none of this would have happened.

Together, we will create more possibles from the impossibles.

Thank you, Kaohsiung. Thank you everyone.

特別收錄 2

韓國瑜語錄與年表大事紀

韓國瑜經典語錄

一、北農時期

1. 在男人的世界，躲在後面放冷箭，不敢公開出來的，是小癟三。
2. 任何時間，從天文到地理，從兩岸關係到兩性關係，從菜蟲、果蟲到螢火蟲，我公開跟你辯論。
3. 那萬一我沒有進土城看守所，是不是你吞球？
4. 問世堅（間）情是何物？問世堅（間）真理是何物？
5. 禿頭的，不怕拔毛，放馬過來。你以為韓國瑜是吃素的嗎？
6. 我總不能今天聽這個男人說、明天聽那個男人說：「小姐，妳腿上有疤！」就不斷掀裙子給別人看。
7. 我沒有under table，我只穿under wear。
8. 賣菜賣四年，好人變流氓。

二、對國民黨喊話

1. 國民黨這麼多年，有團結過嗎？每次說團結、團結、再團結，為什麼要說團結，就是因為你不團結！

2. 上台靠機會，下台靠智慧。你不能左擁右抱，什麼都要，這樣讓人討厭。
3. 自古無場外的舉人。
4. 烏龜爬門檻，就看這一翻。
5. 領導人有三條路，一當英雄，一切為公；二當梟雄，一切為己；三當狗熊，什麼都不做。
6. 我是真的黃復興、正統黃復興、唯一黃復興，其他人都是假的。
7. 馬英九選總統？操守點頭，能力搖頭。

三、高雄宣言

1. 民心思變。
2. 台北拚政治，高雄拚經濟。
3. 民進黨在高雄執政二十年，留下了四個字：又老又窮。
4. 我要幫「北漂」青年，找到回家的路！
5. 貨賣得出去，人進得來，高雄發大財。
6. 我不求滿漢全席，但是現在連一碗滷肉飯都沒有！
7. 用一瓶礦泉水，打一場乾淨的選戰！
8. 未來的高雄要「金山、銀山、靠山」。
9. 民進黨也不是高雄人的爸爸，為什麼每一次都要投他？民主政治走到今天，人民才是政黨的爸爸。

10. 高雄的價值是兩個字：包容。

11. 我愛台灣，我生在台灣，我長在台灣，將來我會死在台灣，我也會埋在台灣！

12. 我寧願乾乾淨淨輸掉，也不要骯髒地贏得這場選舉。

13. 謝謝你支持我，但我已經結過婚了。

14. 立足台灣，胸懷中國，放眼世界，征服宇宙。

15. 國防靠美國，科技靠日本，市場靠大陸，努力靠自己。

16. 告別貧窮，迎向陽光。

17. 人民過得富庶，才有資源教育下一代。

18. 兩廣總督找廚師，只考兩道菜，青菜豆腐湯和蛋炒飯，能用最簡單、最陽春的食材，做出最好吃的飯菜，那才是真本事！

19. 如果要有金山、銀山，才能做好事，那誰也會。

20. 所謂韓流，能載舟、也能覆舟，我戒慎恐懼。

21. 民進黨說高雄不能輸、宜蘭也不能輸，好像全台灣二十二縣市，都是民主聖地，那民進黨乾脆就當萬年政黨，通通不用改選。

22. 陳菊批我連路都認不清楚，我是來當高雄市長，不是當郵差。

四、政治體悟

1. 作官可以作威作福，但也能做牛做馬。
2. 電鍋在煮飯，不要一直開鍋，飯會煮不熟。
3. 政治騙子比愛情騙子可怕！
4. 開弓沒有回頭箭！
5. 自己寫歷史，自己揹十字架。
6. 外求和平，內求公平。
7. 地球是圓的，麻將是方的。
8. 我們一步步走過來的，在於用心或不用心。
9. 其實我雨鞋、拖鞋都有，但水深已灌到雨鞋的高度，不如就穿拖鞋吧！

五、給年輕人

1. 人生不是永遠是勝利組在主導。
2. 複雜的腦，單純的心。
3. 身為你們的長輩，我無法告訴你，將來你們會面臨什麼挑戰，我只能說，請你做好準備。
4. 永遠不要忘記，當有出頭天的時候，先看看腳下踩的這片土地。
5. 人無立足點，哪有出頭天。

韓國瑜年表大事紀

一九五七年

六月十七日，出生於台灣台北縣（今新北市）。

一九七五年

就讀陸軍軍官學校專修學生班四十期。

畢業時，官拜上尉。

一九八一年

就讀東吳大學英國語文學系。

一九八五年

就讀國立政治大學東亞研究所碩士班。

就學期間，擔任台北市議員助理。

獲得國立政治大學東亞研究所碩士，畢業論文：《從中共對台統戰看兩航談判》。

一九八八年

畢業後擔任中國時報記者、撰述委員，以及花蓮師範學院講師、世界新專（今世新大學）講師、文化大學進修推廣中心教師、主任。

畢業後與出身雲林政治世家的李佳芬結婚，婚後育有女兒韓冰、韓青與兒子韓天。

一九九〇年

獲選台北縣議員。

一九九二年

四月一八日，創立臺北縣客家同鄉會。

一九九三年

獲選第二屆立法委員。

五月五日，韓國瑜因陳水扁指稱退輔會把榮胞「當作豬在養」，打陳水扁一巴掌，接著翻桌，又攻擊其頭部，造成陳水扁住院三天，韓國瑜公開道歉。

一九九四年

反核團體發動罷免支持興建核四的立委，包括韓國瑜、洪秀柱、詹裕仁、林志嘉、魏鏞等人，最終未果。

一九九六年

獲選第三屆立法委員。

一九九九年

獲選第四屆立法委員。

二〇〇一年

赴北京大學就讀政府管理研究所博士班，但未拿到學位。

年底，韓國瑜轉戰國民黨不分區立委，名列第三十三名，在安全名單之外而連任失利。

二〇〇四年

岳家於所在的雲林縣斗六市，創辦私立維多利亞中學，韓國瑜擔任創辦人，其妻李佳芬擔任副董事長。

二〇〇六年

受到時任中和市市長邱垂益邀約，擔任台北縣中和市副市長一年八個月。

參加百萬人民倒扁運動。

二〇〇七年

韓國瑜準備參加國民黨第八屆台北縣立委黨內初選，卻因負面宣傳同黨對手張慶忠文宣，被取消黨內初選資格。

二〇一二年

任台北農產運銷公司總經理。

十到十一月，民進黨籍立法委員段宜康與台北市議員王世堅、梁文傑、高嘉瑜與王威中，以北農貪汙及濫發獎金，強力質疑韓國瑜，引發兩造強烈對戰。

二〇一六年

十一月十五日，王世堅與韓國瑜在台北市議會激烈攻防，質詢影片上傳後，讓韓國瑜開始再次受到注意。

二〇一七年

一月十二日，宣布辭去台北農產運銷公司總經理職，參與中國國民黨黨主席選舉。

五月二十日，在黨主席選舉中，獲一萬六千一百四十一票、得票率五．八四%，位列第四落選。

九月七日，上任國民黨高雄市黨部主委。

二〇一八年

三月十六日，國民黨台北市長初選登記最後一日，領表參選，各界譁然，但又以文件未備齊為由，自行撤銷登記。

五月二十一日，高雄市長黨內初選民調結果出爐，韓國瑜以民調高於對手國民黨立委陳宜民，獲得中國國民黨提名參選高雄市長。

十一月二十四日，以十五萬票差距，打敗對手民進黨籍立委陳其邁，當選高雄市市長，結束民主進步黨在原高雄市二十年及原高雄縣三十三年的執政。

PEV0425

跟著月亮走——韓國瑜的夜襲精神與奮進人生

口　述—韓國瑜
採訪撰述—黃光芹
主　編—林菁菁、林潔欣
編　輯—黃凱怡
協力編輯—劉綺文
企　劃—葉蘭芳
演講資料整理—施佳瑩
封面設計—江儀玲
內頁設計—李宜芝
內頁照片—陳怡誠、韓國瑜、韓冰
封面照片—韓國瑜

發 行 人—趙政岷
出 版 者—時報文化出版企業股份有限公司
10803台北市和平西路三段二四〇號三樓
發行專線／（02）2306-6842
讀者服務專線／0800-231-705，（02）2304-7103
讀者服務傳真／（02）2304-6858
郵撥／1934-4724時報文化出版公司
信箱／台北郵政79～99信箱
時報悅讀網—http://www.readingtimes.com.tw
法律顧問—理律法律事務所 陳長文律師、李念祖律師
印　刷—勁達印刷股份有限公司
初版一刷—二〇一八年十二月二十八日
初版十一刷—二〇一九年五月十四日
定　價—新臺幣三五〇元
（缺頁或破損的書，請寄回更換）

時報文化出版公司成立於一九七五年，
並於一九九九年股票上櫃公開發行，於二〇〇八年脫離中時集團非屬旺中，
以「尊重智慧與創意的文化事業」為信念。

跟著月亮走：韓國瑜的夜襲精神與奮進人生 / 韓國瑜口述 ; 黃光芹採訪撰述. -- 初版. -- 臺北市 : 時報文化, 2019.01
面 ;　公分. -- (People ; 425)

ISBN 978-957-13-7688-2(平裝)

1.韓國瑜　2.臺灣傳記

783.3886　　107023353

ISBN 978-957-13-7688-2
Printed in Taiwan